DEL LIBERTINAJE
A LA LIBERTAD

ExLibric

ÁLEX FERNÁNDEZ BLANCO

DEL LIBERTINAJE
A LA LIBERTAD

EXLIBRIC

ANTEQUERA 2025

DEL LIBERTINAJE A LA LIBERTAD
© Álex Fernández Blanco
Diseño de portada: David Fernández Rodríguez

Iª edición

© ExLibric, 2025.

Editado por: ExLibric
c/ Cueva de Viera, 2, Local 3
Centro Negocios CADI
29200 Antequera (Málaga)
Teléfono: 952 70 60 04
Fax: 952 84 55 03
Correo electrónico: exlibric@exlibric.com
Internet: www.exlibric.com

ISBN: 979-13-87944-76-6
Depósito Legal: MA 1650-2025

Impresión: PODiPrint
Impreso en Andalucía – España

Nota de la editorial: ExLibric pertenece a Innovación y Cualificación S. L.

ÁLEX FERNÁNDEZ BLANCO

DEL LIBERTINAJE
A LA LIBERTAD

A mi abuelo Juan,
quien fue el espíritu que guiaba mi escritura
y la razón que iluminaba mis argumentos.

Índice

La libertad no es un estado, sino un proceso.
Solo el que sabe es libre. Solo la cultura da libertad.
No proclaméis la libertad de volar, sino dad alas;
no la de pensar, sino dad pensamientos.
La libertad que hay que dar al pueblo es la cultura.

MIGUEL DE UNAMUNO

La mayor esclavitud que puede pesar sobre un hombre
es la de su propia ignorancia. Por consecuencia,
un individuo se hace tanto más libre cuanto más se eleva
en el nivel de la cultura intelectual, moral, estética y física.

RAÚL RUANO BELLIDO

Introducción

Este ensayo versa sobre la discusión de la existencia de la libertad como concepto puro; en concreto, intentará orientarse el debate al estudio de la libertad en el acto del ser humano. Para ello, será de gran ayuda el destripe de un gran debate filosófico acontecido en el Medievo, cocinado en la filosofía patrística y florecido en plena Edad Media, en el auge de la escolástica. Con todo, los textos de los grandes autores protagonistas se verán comentados y servirán de compañía a sus tesis. Veremos el antiquísimo pensamiento de san Agustín de Hipona y su relevancia en nuestros días; así también, dos grandes pensadores medievales como santo Tomás de Aquino y el beato Juan Duns Scoto. La intención es resucitar este debate a nuestros días y descubrir su persistencia en las sociedades contemporáneas, en los *actos libres* de los individuos de nuestros días. Intentarán exponerse las contradicciones que podamos hallar con relación a la profundidad reflexiva del concepto de libertad. Siendo conocedores de las tesis medievales, en la segunda parte se abarcará la perversión de la libertad que tiene lugar debido a sistemas políticos que han abandonado la naturaleza de la que emana su *praxis*: la filosofía. Poderosos sobre la naturaleza y la técnica, ahora la razón y la voluntad del hombre dominante aspiran a demoler toda noción de libertad sobre el mundo a la vez que se presenta ante él como el único que puede otorgar dicho bien a los seres humanos. Así se camufla el libertinaje en el nuevo mundo, siendo este el que guía nuestras acciones y atenta contra nuestras voluntades. La libertad pasa de mano en mano de los poderosos y ofrece un libertinaje a los dominados.

Veremos, por lo pronto, cómo una razón instrumental diluye la esencia de lo cognoscible. Veremos cómo se degrada y se pervierte el arte, lo humano, lo esencial, entregado al culto de la nueva religión: el dinero.

No está este ensayo libre de críticas, pues desglosaremos el pensamiento de un sistema político nacido recientemente, con autores que muestran firmes y sólidos argumentos a su favor. Deberá advertirse que, en la totalidad del ensayo, se cuestionarán ideas filosóficas orientando el debate por la senda de la razón pura, depurando toda estadística o pragmatismo. No discutiremos si una manzana es mejor si es más ácida o más dulce, sino que discutiremos la idea de manzana en sí. No diremos que el hombre es libre de esta o de esta otra manera, sino si existe una definición en sí y cómo pueden darse las contradicciones con esta. Por ello, se abarcarán las propuestas del llamado *anarcocapitalismo*, así como su sistema de *laissez-faire*. Me basaré en tres autores principales y total defensores de la abolición del Estado o, en el caso de uno de ellos, de su reducidísima participación en la vida de los hombres. Tales son Ludwig von Mises, Friedrich A. Hayek y Murray Rothbard, exponentes de la Escuela Austriaca de Economía, cuyas ideas comienzan a brotar exitosamente en muchos sectores de la población actual. Discutiremos las raíces filosóficas en las que se apoyan y pulularemos junto a sus textos por los inciertos caminos del pensamiento. A lo sumo, serán también expuestas las tesis de la Escuela de Frankfurt, junto a sus respectivos autores cuyos textos también se verán comentados.

Lo cierto es que no es ánimo de este ensayo proponer nuevas y descabaladas ideas sometidas o encerradas en un vacío ideológico con las que solventar y depurar las problemáticas desenvueltas, pues eso es digno de los filósofos, y nuestra intención es más humilde. Se hallará el lector solamente con algunas contradicciones y denuncias de las negligencias sistemáticas, las razones por las que se defienden reformas políticas, así como las posibles causas de estas. Por lo demás, es de destacar el infatigable eclecticismo que en estas páginas se halla. La presencia de varios fragmentos extraídos de textos de diversos autores podrá provocarle al lector la sensación de estar leyendo en ocasiones a todo el mundo menos al autor del libro, pero apuesto por el orden de los argumentos propios en la compañía de las grandes mentes del pasado, un diálogo en el que las ideas participen, aunque sea mencionando al hombre que las manifestó en su día.

A modo de cierre, el propósito de este ensayo es la divulgación filosófica del arduo concepto de la libertad, invitando al lector a reflexionar sobre el tema propuesto con algunos de los medios que pueda hallar aquí.

PRIMERA PARTE

Elogio a los medievales

Es más bello iluminar que simplemente brillar;
del mismo modo es más bello transmitir a los demás lo que uno
ha contemplado que simplemente contemplar.

Santo Tomás de Aquino

Del mismo modo por el que un sofista se seduce por el dinero, como un racionalista por la verdad, como un teólogo por la divina sabiduría, fue seducida mi inquietud por las ideas de un ignorado pensador, arrojado a las esquinas de los manuales de texto, con el fin de hacer bulto sobre la materia y condenado sin piedad a la indiferencia. Maravillado por el esbozo presente en las líneas que mi estudio sobre el debate medieval por los universales me había presentado, hallé a la libertad y a la voluntad batallando en escasas letras de un párrafo, abriendo horizontes infinitos en el pensamiento, una vorágine de ideas que hasta día de hoy no he conseguido agarrar y retener. Aunque fugaces estas, sí han prendido la mecha de una curiosidad insaciable por conocer más sobre aquellas excelentes ideas. Es así como llega a mis cabales, tarde por capricho del destino, el voluntarismo de Duns Scoto, a quien culpa y agradecimiento otorgo por haber causado la mayor oleada de reflexiones acerca de todo lo que a sus preocupaciones compete. Duns, cuyo contexto histórico y filosófico será el causante de mis disculpas en este ensayo por haberme aventurado, voluntariamente, a cometer la ardua tarea de retornar a nuestros días un pensamiento orientado a cuestiones hoy muy secundarias, alejadas de los problemas del ser humano presente. Es sabido que el pensar de los medievales fermentó orientado a cuestiones divinas, abstractas, metafísicas, que, aunque estén fuertemente incrustadas en nuestra cultura, en nuestro modo de razonar y, digo más, en nuestra constitución como *personas*, puede ocasionar rechazo e indiferencia con la realidad que nos aqueja en este siglo. No obstante, no es en las lecturas de este denso filósofo medieval donde hallo la satisfacción a mis preguntas, pero sí un descubrimiento del desordenado hilo por el que he pululado por la filosofía escolástica. Son, en suma, muchos medievales los que han expuesto en pluma un trascendente debate. Mucha es la desgracia de aquellos que no hayan podido aún adentrarse en la reyerta que estas grandes mentes le han agasajado a la historia del pensamiento.

Quisiera, pacíficamente, con mi ensayo, traer de nuevo a estos pensadores a nuestros días y denunciar la injusta muerte intelectual que se le ha dado, como a tantas otras cosas trascendentes, pues la comprensión del ser humano que habita hoy el mismo planeta que habitaron los grandes pensadores se dificulta notoriamente sin la comprensión de las ideas de estos últimos.

Los intentos contemporáneos de la fundamentación de la ética han tenido en cuenta el pluralismo de las problemáticas que aquejan al mundo, desde sistemas políticos relativamente recientes, hasta casuísticas que le hablan directamente al conjunto de la población. Esto ha ocasionado un importante abandono de la individualidad, poniendo al colectivo como herramienta sobre la cual debe versar la ética, siendo el fin el bienestar del mismo, cuando debe ser la constitución individual, guiada, naturalmente, por la colectividad adscrita y todo lo que a ella compete, la que verse sobre el colectivo como fin, como una sociedad vivible, habitable, sustentada en la cooperación de todos los sujetos que hayan analizado el pluralismo de la civilización, sujetos que, sin ser conocedores necesariamente de las más abstractas concepciones por las que se pelean los doctos, tales como la virtud, el bien o lo justo, sepan participar de estas en sus casas, en sus familias, en sus núcleos de amistad, en su ambiente laboral y, lo más importante, en su proyecto de vida, zafándose de las proposiciones que no hacen más que atentar contra este último, de silenciarlo y de adormecerlo. Así, es fundamental atender a la responsabilidad del ciudadano como el mayor aliado para tal fin, y la única herramienta para la evolución de la especie es la filosofía, propia de la humanidad y único motor de la historia.

Con todo, honor es el empleo de mi tiempo y salud como medios para alcanzar el fin de resumir, faltosa pero también apasionadamente, las dos corrientes enfrentadas a lo largo de la Alta Edad Media: intelectualismo y voluntarismo. En principio, de este esbozado resumen nace nuestra primera corriente con Sócrates y se hereda por los dos titanes del pensamiento griego, Platón y Aristóteles. Partiendo del absoluto idealismo y convencidos de la existencia de un conocimiento universal, absoluto y eterno, sostuvieron la existencia de un modo de conducta también inteligible. En su gracia, han dicho que el bien existe, y que todo aquel que lo conoce, todo aquel que nutre su intelecto del contenido de esta idea, jamás obrará distintamente. Así, arguyen que aquel que obra el mal tan solo lo hace por ignorancia, por desconocimiento del bien. Clara es también la discrepancia entre sus cosmologías, pues Sócrates defendió la existencia de las ideas exclusivamente en la mente humana, mientras su discípulo, Platón, originó un sistema dualista que ha regido hasta los pensadores de nuestros días, ubicando a las ideas en el mundo inteligible, concebido este último como la verdadera realidad. Será Aristóteles quien niegue la existencia de las ideas separadas de este mundo, el único existente para el estagirita, defendiendo así que estas ideas no se hallan separadas de las sustancias particulares, de las cuales abstraemos las categorías que nos permiten aprehender la idea.

En suma, la idea, para Sócrates, solo puede concentrarse en la mente humana, en el hombre dotado de razón que llega a ella partiendo de la observación y la reflexión acerca de lo particular, permitiéndole concluir la idea en un concepto universal, así en virtud de la mayéutica. Para Platón, como dijimos, la justicia se halla en otro mundo totalmente independiente: nuestra alma, la cual habitó el dicho en una vida pasada, nos muestra pequeñas reminiscencias acerca de tales ideas, pero al estar prisionera en la materia, esto es, el cuerpo, se impide un total conocimiento de las mismas. Por último, hemos dicho que Aristóteles considera que la idea se halla en los propios seres de este mundo, único existente.

No está dedicado este ensayo a esta compleja cuestión, así como tampoco está dedicado al debate sobre la existencia de estas ideas, es decir, la existencia de la verdad, y aunque se haya dicho mucho sobre esto y, por supuesto, mucho falte por decir, no será en el turno de estas líneas donde se abarque este debate. Nos interesa, por lo pronto, el origen del intelectualismo aquí surgido.

Por el contrario, la corriente que dio su fruto en la Edad Media y se opuso al intelectualismo, de la cual sí nos ocuparemos aquí, es el voluntarismo. Fue san Agustín de Hipona el que habló del libre albedrío, de la teoría del *yo dividido* y de la importancia de la voluntad como facultad indispensable en la libertad del hombre.

Estas dos corrientes retomarán su potencial en el auge de la escolástica, unos nueve siglos después de la muerte del de Hipona.

En suma, el debate versó sobre esta pregunta: ¿cuál es la causa del libre obrar del hombre: el intelecto o la voluntad? Si bien el intelecto versa sobre el *saber*, la voluntad lo hace sobre el *querer*, por lo que no podemos querer aquello que no sabemos; sin embargo, sí podemos hacer aquello que sabemos que está mal, así como no hacer aquello que sabemos que está bien, por lo que la voluntad puede desobedecer lo dictado por el entendimiento. ¿Qué es, entonces, lo que debe prevalecer para contestar a la pregunta?

★★★★★

Esquivando, no por falta de pasión, la extensa biografía de san Agustín de Hipona, así como otros puntos esenciales de su obra, quisiera ceñirme al contenido por el que puedo referirme a él como uno de los precursores de una de las corrientes propias de nuestro debate. Fue san Agustín quien sembró nutridas semillas sobre la libertad del hombre, otorgándole tan preciado bien a la facultad por excelencia dada a este por Dios: la *voluntas*.

Hemos hablado de cómo el trío filosófico griego defendió la existencia de la idea, de la verdad inteligible y eterna, válida para todo el mundo. No lo verá así la escuela escéptica, a la cual se enfrenta san Agustín. Fueron los escépticos quienes sostenían la imposibilidad de alcanzar la verdad, pues esta es inaccesible para el hombre.

Basados en las prácticas sofistas presocráticas y en la idea de Heráclito de Éfeso del devenir del mundo, comprendían que toda definición dada no podía nunca ser confirmada. Si bien el escepticismo moderado aceptó el llamado *conocimiento probable*, por el cual hacían posible una convivencia en sociedad, aceptando las normales y valores comunes, renunciando al irracionalismo de Pirrón de Elis, el escepticismo extremo de este último radicalizó la postura. Pirrón no salía a la calle sin la presencia de sus amigos, quienes se ofrecían a guiarlo y evitar que se despidiera por barrancos y precipicios, o que siguiese la trayectoria oportuna según el destino al que quería llegar, ya que si nada es cierto ni tiene validez plena, no habrá motivos por los que ejecutar acciones en virtud de lo desconocido[1].

Tal axioma imposibilita uno de los problemas que aquejan al pensamiento hasta nuestros días: la funda-

---

[1]   Véase *Esbozos pirrónicos*, de Sexto Empírico.

mentación de la ética. San Agustín, bebiendo del pensamiento platónico y plotiniano, afirma que sí existe un conocimiento inteligible, de una autoridad superior, el cual no es dado a conocer a los hombres de manera sencilla. Distingue nuestro pensador entre dos tipos de saber: ciencia y sabiduría. Por su parte, la ciencia es aquel conocimiento al que el hombre accede a través de los sentidos. Se trata, en suma, de la aptitud que el hombre posee y mediante la cual conoce el mundo sensible. Es, así, la sabiduría el conocimiento de rango superior, la que nos permite arribar a las ideas inmutables e inteligibles, el conocimiento de la verdad. Esta sapiencia, nos dice el santo, es dada al hombre gracias a la iluminación: el hombre debe rechazar sus sentidos y escuchar la voz del alma, pues concibiendo el dualismo que en el hombre reside —entre el cuerpo, materia incorruptible, propia del mundo sensible, privación del bien, y el alma, anfibia esta, pues habitó en el mundo inteligible del cual descendió con el fin de participar en la actividad creadora de Dios, atribuyendo a los cuerpos vida y movimiento—, el hombre debe, ante todo, desprenderse de lo material, de lo sensible y aspirar a lo inmaterial, a lo inteligible. Advertidos ya de la influencia platónica, la distinción entre ciencia y sabiduría es equiparable a la distinción de Platón entre conocimiento sensible —referido al mundo de la naturaleza— y mundo inteligible —referido al mundo de las ideas—. Véase en las *Confesiones* la inferioridad atribuida a lo terrenal, así como a los sentidos en tanto que modo de conocer del hombre:

Los ojos desean ver hermosas y varias figuras, lindos y lustrosos colores. ¡No posean estas cosas mi alma, poséalas el señor que las hizo a ellas, porque, aunque son muy buenas, no son ellas, sino él mi bien![2]

Ya en un cristianismo consolidado y establecido como religión oficial por el emperador Teodosio en el 380 d. C., los pensadores promulgan la ley divina, el conocimiento superior del que nos habla san Agustín.

Más tarde sostiene:

¡Oh, luz!, la cual veía Tobías cuando, cerrados los ojos, enseñaba a su hijo el camino de la verdad y, yendo él delante con el pie de la caridad, no le erraba. O la que veía Isaac interiormente cuando, cargados y cerrados los ojos de la carne por muchos años, no conociendo los hijos que bendecía, bendiciéndolos los mereció conocer. O la que vio Jacob cuando, así mismo estando ciego por la vejez, vio con el corazón esclarecido lo que había de suceder a sus hijos y puso las manos trocadas místicamente sobre sus nietos, hijos de Joseph, no como su padre de ellos las componía por defuera, sino como interiormente él juzgaba que se había de poner. Esta es la luz: una es y no hay otra, y una cosa son todos los que la aman.[3]

En el siguiente capítulo, san Agustín introduce un concepto en la naturaleza del hombre, al que denomina la *concupiscencia de los ojos*:

---

[2] *Confesiones*, libro VIII, capítulo 34.
[3] *Ibidem.*

Además de aquella concupiscencia de la carne que se percibe en el deleite de los sentidos, al cual los que se dan como esclavos perecen y se alejan de vos, hay en el alma, por medio de los mismos sentidos en el cuerpo, un tierno, vano y curioso apetito vestido con nombre de «conocer» y de «saber». (…) Este apetito se llama en las sagradas letras «concupiscencia de los ojos», porque está en aquel apetito y potencia con que conocemos las cosas.[4]

En esta línea vemos la suplencia que el hombre le atribuye a los ojos respecto a la sabiduría, pues a esta no se llega en virtud de ellos, sino a un placer carnal. San Agustín acusa a los hombres de atribuir toda verdad a aquello que alcanzan con su vista, incapacitados, así, de atender a la gracia divina. También se ve esta acusación en el inicio del Libro VIII:

Vanos son por cierto todos los hombres que no tienen la ciencia de Dios, ni por el rastro de las criaturas que parecen buenas supieron hallar al que de veras es.[5]

Claro que, atendiendo al pensamiento ya medieval del autor, se nos abre paralelamente otro eterno debate, ajeno ahora a nuestro interés y también inabarcable. Este es el de la relación entre las dos vías mediante las cuales el hombre conoce: fe y razón. Fue san Agustín el defensor del equilibrio entre ambas, pues la una depende de la

---

[4]   *Ibidem*, libro VIII, capítulo 35.
[5]   *Ibidem*, libro VIII, capítulo 1.

otra; no obstante, la primacía de la fe, nos diría el santo, es fundamental para la comprensión de lo inteligible. El saber que presta la razón es insuficiente, pues esta se limita a la comprensión de lo sensible. De aquí derivamos en el famoso aforismo del pensador patrístico: *Intellige ut credas, crede ut intelligas* (*Entiende para creer, cree para entender*). Aforismo seguido de otros varios donde se muestra también la forja de lo que sería el inicio del dogma cristiano: *la fe es creer lo que no se ve, y la recompensa de esa fe es ver lo que se cree.*

La comprensión de Dios por san Agustín es la de la omnipotencia absoluta. Esto lo posiciona en el debate en la defensa del voluntarismo, pues en Dios prevalece la voluntad a la inteligencia. Debido a su omnipotencia, la voluntad tiene primacía sobre el intelecto, pues, de la postura contraria, Dios no sería libre de obrar contingentemente, sino en virtud de la guía del intelecto, privándolo, a la postre, de la libre voluntad.

Dios es, en su totalidad, voluntad. Es por ello por lo que crea a los hombres con libre albedrío, haciéndoles, así, responsables de sus actos. Este libre albedrío posibilita que la voluntad se incline posiblemente hacia el pecado, contestando de este modo a la cuestión por la existencia del pecado en los hombres. Cuando esto ocurre, esto es, cuando el hombre ejerce su libre albedrío obrando contrariamente al bien, ejerciendo así de forma errónea su libertad, la responsabilidad recae en él, y no en Dios.

San Agustín dedica un diálogo a abarcar esta cuestión. Véase su tesis en este párrafo del mismo:

Nada está tanto en nuestro poder como nuestra misma voluntad, pues ella está dispuesta a la ejecución sin demora absolutamente ninguna en el mismo instante en el que queremos. De aquí que, con razón, podamos decir que envejecemos por necesidad y no por voluntad, igualmente que morimos por necesidad y no por voluntad, y así de otras cosas semejantes.[6]

Pero ¿quién, en su sano juicio, se atreverá a decir que no deseamos por la voluntad? Así que, aunque Dios conozca de antemano todos nuestros actos de la voluntad, no se sigue, sin embargo, que queramos alguna cosa sin voluntad de quererla.

El santo afirma, en la línea de Plotino y, así como este, oponiéndose al pesimismo gnóstico, que el mal no existe en tanto que este, sino que aquello a lo que los maniqueos han denominado mal no es más que la ausencia de bien. El mal, a la postre, no existe por sí mismo. El hombre, dotado de libre albedrío, puede verse inclinado a la concupiscencia, puede zafarse del mal tanto como le sea posible, pero no podrá afirmarse, nos diría san Agustín, que este es un hombre libre, pues la libertad no es otra cosa que la constante inclinación de la voluntad a la práctica del bien. Véase la influencia socrático-platónica del intelectualismo moral.

Es por ello que el Doctor de la Iglesia concibe una clara distinción entre el libre albedrío y la *libertas* o libertad de la voluntad. Esta concepción será aceptada por mentes

---

[6]   *Del libre albedrío*, libro III, capítulo 3.

posteriores del pensamiento medieval, también presentes en esta breve recopilación.

En suma, el hombre sin gracia, alejado de la orden divina, no posee más que libre albedrío. Este último posibilita, naturalmente, el obrar contingente del hombre, motivando una inclinación incierta a su naturaleza. Se nos presenta un hombre sometido a las afecciones que le conceden sus sentidos, siguiendo la epistemología tradicional. Una vez este se halla iluminado del verbo y la verdad inteligible, cerrando la puerta de sus sentidos y obedeciendo la voz del alma, su obrar abandona la contingencia y se inclina siempre al bien por necesidad. Se arguye, con san Agustín, que el hombre solo es realmente libre cuando conoce la verdad de Dios, en virtud de la cual su voluntad se inclinará necesariamente al bien. He aquí la libertad según san Agustín de Hipona.

★★★★★

El planteamiento agustiniano perduró durante toda la escuela patrística hasta ya entrada la escolástica, aunque siendo matizado por algunos autores como Alejandro de Hales (1185-1245) o Alberto Magno (1193-1280), quienes tomaron el *arbitrio* como una nueva facultad. Para estos pensadores no eran suficientes ni el intelecto, por su parte, ni la voluntad, por la otra, para la constitución del acto libre, pues debía intervenir esta nueva entidad, el arbitrio, que no se halla ligado a ninguna de las dos facultades, pues este es totalmente independiente de ellas. El arbitrio no se encarga de juzgar, como la razón, ni de querer, como la voluntad, sino de ejercer, de materializar lo sugerido por ambas. Veremos, por lo pronto, al autor que sugiere una nueva interpretación.

Dando un enorme salto en la historia con respecto a san Agustín, nos detenemos ahora en el pensador que no muchos cuestionarán que es el más importante de todo el pensamiento medieval: santo Tomás de Aquino (1225-1274). Tratar de divulgar su filosofía, cualquiera de las cuestiones que ha sido abarcada en su obra, es como tratar de alimentar a alguien con una tarta, pero no poder darle más que un pedacito de la guinda. Cualquier amante del pensamiento quedará abrumado por la dimensión de la genialidad del santo. No dejó ningún tema de importancia en su tiempo sin tratar. Así lo confiesa la extensión de su obra más ilustre, *Summa theologiae*, que contiene todas las oleadas necesarias para nutrirse de la filosofía escolástica.

Santo Tomás es denominado como el padre del aristotelismo cristiano. Por siglos, la teología de Aristóteles fue ignorada por la Iglesia debido a su incompatibilidad con el dogma eclesiástico: la ley de causalidad llevó a Aristóteles a concebir un primer motor, una causa sin causa, un Dios que ni ama ni conoce el mundo, pensamiento que se piensa a sí mismo. Por esto, en el pensamiento del meteco no hay cabida para un Dios creador, a diferencia de la buena acogida que tuvo el pensamiento de Platón, quien, a pesar de algunas fallas propias del tiempo pagano, tuvo un gran intérprete que *pulió* el sistema platónico, cultivando lo que sería la cosmología del cristianismo un siglo después. Pues fue Plotino el que interpretó la obra de Platón, cuya interpretación fue acogida y transmitida por la Iglesia durante toda la Edad Media, entre sus divulgadores, San Agustín, como hemos visto. En cambio, las obras de Aristóteles se limitaron a la enseñanza de la lógica, la retórica, la epistemología o la ética, alejando de las universidades su cosmología, su idea del primer motor.

Fue santo Tomás, de cuna noble y privilegiado, quien accedió a los textos aristotélicos, traducidos por los pensadores árabes, que gozaban también de un gran prestigio en aquel entonces. Santo Tomás criticó la interpretación que Averroes y Avicena dieron sobre los textos aristotélicos, rechazando nociones como la eternidad del mundo o la emanación necesaria.

Con todo, santo Tomás, fascinado por las ideas del hijo de Nicómaco, fue capaz de adaptar su pensamiento al dogma eclesiástico, fundando lo que se conoce como el aristotelismo cristiano. Tanto fue así que en la *Summa* se refiere a Aristóteles como *el Filósofo*.

También como en san Agustín, sería un placer divulgar su atrayente biografía, digna de una novela de Umberto Eco, así como explayarme en las profundidades de su obra, tratando cuestiones que, naturalmente, en nuestros días se han olvidado debido al poco pragmatismo que estas conllevan. El debate sobre los universales, la relación entre fe y razón o la Inmaculada Concepción poco importan a la sociedad de nuestros días. No obstante, como filósofo incrustado en la Filosofía de la Historia, mucho ha dicho santo Tomás sobre la justicia, sobre la ética o sobre el mal, así como también ha dejado una fundamental constancia de su posición en nuestro debate sobre el voluntarismo y el intelectualismo. Sin duda, por mucho que le hastíe al hombre tecnológico actual, el tomismo está atornillado con fervor a nuestra cultura, y nada es mejor que conocer esta corriente filosófica si uno desea saber más sobre la constitución de sus ideas, desatornillando cada vez más las mugrientas cadenas de la ignorancia y del quietismo. Sin mucho esfuerzo puede iniciarse este apartado dedicado a santo Tomás hablando de una gran similitud con san Agustín: la cuestión del mal. Hemos visto cómo el pensador patrístico sostenía una ley universal, un funcionamiento del cosmos, un *lógos*, en sentido estoico, que Dios atribuye a su creación. Esta ley es, en su esencia, eterna, algo con lo que concuerda santo Tomás. San Agustín ya dijo que todos los pensadores venideros que descubran leyes, las cuales satisfagan la razón y nutran el conocimiento de la ciencia, jamás podrán contradecir las Sagradas Escrituras, pues recordemos que el de Hipona confía en la superioridad de la fe por encima de la razón, de modo que la ley divina no puede nunca estar errada.

Cuando puedan, con pruebas confiables, demostrar algún hecho de la ciencia física, les vamos a demostrar que no va en contra de nuestras Escrituras. Pero cuando saquen de sus libros una teoría que vaya en contra de las Escrituras, y por lo tanto en contra de la fe católica, o bien vamos a tener la capacidad de demostrar que es totalmente falsa, o al menos nosotros mismos nos vamos a aferrar a ella sin ninguna duda.[7]

---

[7]   *De Genesi ad litteram.*

Dicho esto, santo Tomás, siguiendo al patrístico, concibe el mal como la ausencia del bien. El mal no es en acto, sino que es el bien en potencia. Puede decirse que esta idea tampoco es original en san Agustín, ni en Plotino, ni siquiera en el gnosticismo del siglo I d. C., sino que es hallada ya en la *Metafísica* de Aristóteles:

(…) la materia de cada ser es este ser en potencia, como el fuego en potencia es la materia del fuego en acto, entonces el mal será el bien en potencia.[8]

Con todo, santo Tomás dedica la «Cuestión 49» de la primera parte de la *Summa* a tratar el tema del mal. Rotundamente se opone a los que consideran que el bien no puede ser causa del mal. Es en esta primera respuesta del Buey mudo[9] donde queda consagrada su posición:

Es necesario afirmar que todo mal tiene alguna causa, pues el mal es la ausencia del bien que debe poseerse.

(…) El hecho de que el bien sea causa del mal, y causa material, resulta evidente de lo dicho anteriormente. Pues ya quedó demostrado que el bien es el sujeto del mal. El mal, por otra parte, no tiene causa formal, sino que, más bien, es privación de la forma. Lo

---

[8] *Metafísica*, libro XIV, capítulo IV: «Continuación del mismo asunto».
[9] Apodo que Alberto Magno le adjudicó a santo Tomás cuando ejercía como maestro en Friburgo, Colonia.

mismo cabe decir con respecto a la causa final, pues, más bien, lo que tiene es privación del orden a su debido fin. [10]

Sabedores ya del rechazo de nuestros pensadores a la existencia del mal en tanto que este, cabe una pregunta fundamental con la que volvemos a la doctrina agustiniana del libre albedrío. Los teólogos medievales, tratando de definir a Dios, han coincidido mayoritariamente en la perfección del mismo, aunque la cuestión del voluntarismo e intelectualismo que se da en el ser humano, en el hombre sensible, aparece también en la cuestión de la existencia de Dios. Es aquí donde pueden hallarse posturas contrarias entre los pensadores.

No obstante, podemos seguir hablando de otra similitud fundamental entre el patrístico y el escolástico: santo Tomás trata de responder a lo siguiente en la cuestión ya citada: *el sumo bien, Dios, ¿es o no causa del mal?,* donde se anticipa a un natural argumento originado de la conclusión anterior, según la cual el bien era la causa del mal. Dice santo Tomás que es fácil objetar que, si el bien es la causa del mal, y Dios ha creado el bien, por ende, argüimos que Dios es la causa del mal, a lo cual, y de esto se sirve también de la concordancia con san Agustín, santo Tomás responde que Dios no puede ser causa del no-ser. Si hemos dicho que el mal es bien en potencia, y que no existe por sí mismo, Dios no lo ha podido crear.

---

[10] *Summa theologiae,* cuestión 49: «Sobre la causa del mal», artículo 1: «El bien, ¿puede o no puede ser causa del mal?».

(…) en Dios no hay ningún defecto, sino que es la perfección suma. (…) Por eso, el mal que consiste en el defecto de la acción, o que es causado por defecto del agente, no se reduce a Dios como a su causa. Pero el mal que consiste en la corrupción de algunas cosas, sí se reduce a Dios como a su causa. Y esto es así tanto en las cosas naturales como en las voluntarias. Pues ya se ha dicho que algún agente, en cuanto que con su capacidad produce alguna forma a la que se sigue corrupción y defecto, con su poder causa tal corrupción y tal defecto. Es evidente que la forma que de modo primordial Dios pretende en las cosas creadas es el bien de la armonía del universo. La armonía del universo requiere, como dijimos anteriormente, que algunas cosas puedan fallar y que, de hecho, fallan. De este modo, Dios, al causar en las cosas el bien de la armonía del universo, como consecuencia y de forma accidental, también causa la corrupción de las cosas, según aquello que se dice en 1 Re 2,6: El Señor da la muerte y la vida. Pero aquello que se dice en Sab 1,13, Dios no hizo la muerte, hay que entenderlo en el sentido de que no quería la muerte en sí misma. Al orden del universo pertenece también el orden de la justicia, que exige que los delincuentes sean castigados.

Según esto, Dios es autor del mal que es la pena. Pero no del mal que es la culpa por el motivo que antes hemos aducido.[11]

Igual que en san Agustín, Dios crea al hombre con libre albedrío, pudiendo actuar de modo contingente, esto es, pudiendo obrar el bien o no obrarlo. A esto último es a lo que llamamos *obrar mal*. Vulgarmente se culpa a Dios

---

[11] *Ibidem*, artículo 2: «El sumo bien, Dios, ¿es o no es causa del mal?».

del mal en la tierra, pero ese mal es culpa de nuestra mala voluntad, que despiadadamente se inclina hacia este. El poder inclinarse hacia el mal, alejándose del bien, es algo que Dios ha querido que podamos hacer. Dios quiere que podamos hacerlo, pero no que lo hagamos. Si Dios no nos hubiese hecho seres libres, obraríamos todos del mismo modo, anulando así todo tipo de libertad humana.

Con respecto a la cuestión que nos atañe, santo Tomás se posiciona en el debate como defensor de la primacía del intelecto sobre la voluntad, manifestando la defensa de la postura intelectualista.

Cabe atender a cuestiones básicas de las obras de Aristóteles, las cuales adquieren ahora gran protagonismo en el debate. Santo Tomás se sirve de la distinción aristotélica entre potencias racionales y potencias irracionales. La potencia irracional es enteramente pasiva, ya que no puede obrar contingentemente, esto es, no puede producirse su contrario. Así, potencia irracional es el calor, pues este nunca puede producir frío. Por la contra, las potencias racionales son activas, pues dan paso a la contingencia, pudiendo producir su contrario. El ejemplo que presta Aristóteles es la Medicina; esta puede curar como puede también dañar al paciente, por esto, decimos que obra de modo contingente.

Dicho esto, santo Tomás discrepa con san Agustín sobre la comprensión del entendimiento. Se pregunta el santo si el entendimiento es una potencia del alma o bien es la esencia de esta última. Teniendo en cuenta a san Agustín, este nos dice que mente y entendimiento son una y la misma cosa: *Mente y espíritu no indican algo relativo, sino que ponen al descubierto la esencia.*[12] Además, san Agustín coloca los dos elementos de nuestro debate, voluntad e intelecto, ambos en la mente humana, arguyendo de este modo que el intelecto es la esencia del alma. No será así en el Buey mudo, quien se vuelve a servir de Aristóteles para contestar:

> *(…) hay que afirmar que el entendimiento es una potencia del alma y no su misma esencia. Pues la esencia del ser que obra es principio inmediato de la operación solamente cuando su misma operación es su mismo ser, ya que la proporción que hay entre potencia y operación es idéntica a la existente entre esencia y ser. Pero solo en Dios entender es lo mismo que ser. Por eso, solo en Dios el entendimiento es su esencia. En las demás criaturas intelectuales, el entendimiento es una potencia del que entiende.*[13]

Seguidamente, y esto es fundamental, santo Tomás va a defender que la inteligencia es potencia pasiva. Dice Aristóteles en III *De Anima* que *entender es un cierto padecer.* Por esto, santo Tomas trata de defender el intelecto en tanto que potencia pasiva, debido a que considera paciente a todo ser que pasa de la potencia al acto:

> *En un primer sentido, padece el objeto natural de su naturaleza, como cuando el agua padece el calor, perdiendo su frialdad natural. De otro modo, padece el sujeto al que un accidente le priva de algo, lo desee o no, así padece el enfermo de la enfermedad, privado de*

---

[12]   *De Trinitate*, libro IX.
[13]   *Summa theologiae*, cuestión 79: «Sobre las potencias intelectivas», artículo 1: «El entendimiento, ¿es o no es una potencia del alma?».

salud, pero también padece el sano de salud, privado de enfermedad, cuando esta última le es curada. Finalmente, padece el ser en potencia al pasar al acto. Así padecemos los seres humanos cuando nos es dado a conocer un objeto, pues nuestro entendimiento en potencia padece ahora el conocimiento del objeto.[14]

¿Qué ocurre con la voluntad? El santo defiende en la *Summa* que, en contra del meteco, la voluntad no es potencia racional, ya que la voluntad quiere algo necesariamente. Volvemos a san Agustín, quien afirma que *todos desean la felicidad unánimemente.*

Por esto, puede decirse que lo bueno en tanto que bueno es querido por todo el mundo porque es bueno en sí, aquí sí volvemos a Aristóteles[15]. La ética aristotélica es retomada por el santo:

(...) se dice que el alimento es necesario para la vida, y el caballo para viajar. Esta es la llamada necesidad del fin.[16]

Así, uno no quiere el medicamento que lo cura, pues este no es el bien en sí mismo, sino que es un bien por causa de la salud. Por tanto, la felicidad es un bien en sí mismo hacia el que toda voluntad se inclina.

---

[14]   *Ibidem*, artículo 2: «El entendimiento, ¿es o no es potencia pasiva?».
[15]   Véase *Ética a Nicómaco*, libro I, 7.
[16]   *Summa theologiae*, cuestión 82: «Sobre la voluntad», artículo 1: «Lo que la voluntad desea, ¿lo desea o no lo desea por necesidad?».

Llegamos al corazón de la tesis tomista: santo Tomás reconoce la eminencia del entendimiento sobre la voluntad, pero no en su totalidad. Justifica nuestro autor esta eminencia, ya que *el objeto del entendimiento es la razón misma del bien deseable, y el de la voluntad es el bien deseable, cuyo concepto se encuentra en el entendimiento*[17]. ¿Cuándo es posible que la voluntad sea eminente al intelecto? Cuando el objeto de la voluntad se encuentra en una realidad más digna que el objeto del entendimiento. Para santo Tomás resulta mucho mejor amar a Dios que no conocerlo, así como es mejor conocer el pecado que practicarlo. Aquí es donde el debate se suspende, pues ya no importa qué elemento es más importante, sino la realidad en la que se halla el hombre. El pagano que nunca ha oído hablar de Dios desconoce totalmente la idea de pecado, sin poder ver en sus actos pecaminosos la maleza que un practicante que sí conoce las escrituras sí puede concebir. Por tanto, santo Tomás nos diría que es mejor conocer el pecado que practicarlo en desconocimiento, algo que chocará radicalmente con la visión de Duns Scoto.

De esta manera, la postura por la que se lleva a cabo la *electio* nacería en el intelecto, pues es este el que impera a la voluntad. Aun reconociendo la valía de esta última, indispensable en el acto del hombre, todo nace con el intelecto.

---

[17]   *Ibidem*, artículo 2: «Lo que la voluntad quiere, ¿lo quiere o no lo quiere por necesidad?».

(…) imperar es esencialmente acto de la razón, porque quien impera ordena a aquello a lo que impera hacer algo, advirtiendo o intimando; y ordenar así, mediante intimación, es propio de la razón. (…) Por otra parte, es la voluntad lo primero que mueve en las fuerzas del alma para el ejercicio de un acto. (…) Por consiguiente, como lo segundo que mueve solo lo hace en virtud de lo primero que mueve, se sigue que el hecho mismo de que la razón mueva, al imperar, lo tiene de la virtud de la voluntad. De esto se desprende que imperar es un acto de la razón que presupone un acto de la voluntad, en virtud del cual mueve mediante su imperio al ejercicio del acto.[18]

★★★★★

Fue tras la muerte del Aquinate cuando tomaron fama las propuestas de Enrique de Gante (1217-1293) cultivadas ya por san Buenaventura (1221-1274). Estos pensadores sostenían, en contra de la tradición filosófica, que la voluntad es una facultad superior a la inteligencia, pues es soberana de todas las potencias del alma. La voluntad es ama y señora del acto libre, y gracias a ella el hombre ejerce su libertad. La voluntad no es en absoluto una potencia pasiva, nos dirían estos autores, ya que posee la capacidad de autodeterminarse, posee en sí la contingencia. Empero, no serían san Buenaventura ni Enrique de Gante los mayores exponentes sobre la corriente voluntarista.

---

[18] *Ibidem*, cuestión 17: «Los actos imperados por la voluntad», artículo 1: «Imperar, es un acto de la razón o de la voluntad».

Llegados al final de esta divulgación, abarcaremos a modo de sobremesa al autor que fue, en realidad, el motivo por el cual decido hacer esta pequeña primera parte divulgativa sobre la idea medieval de libertad. Así, Juan Duns Scoto (1266-1308) toma las riendas de un debate que pareció sentenciar, al menos durante mucho tiempo. De igual manera que santo Tomás, el beato Juan Duns Scoto ha dejado un fundamental pensamiento que ha servido a varios autores posteriores. Tan lejos han llegado sus ideas que una de ellas ha servido de pilar fundamental para la filosofía de uno de los autores contemporáneos más relevantes, imprescindible en nuestros días. A pesar de que Martin Heidegger no nombrase en sus textos originales la *haecceitas* de Scoto, fuentes revelan la lectura apasionada que el joven existencialista alemán llevaba a cabo de las obras del medieval escocés, en concreto de este concepto introducido por Duns en la filosofía, lo que se estima que ha podido llevar a Heidegger a influirse de este para definir el *Dasein*. El pensador alemán elabora su tesis de habilitación en 1915, basándose en el pensamiento de Duns Scoto[19]. Véase la trascendencia de los pensadores medievales, los cuales comúnmente relacionamos con un cierto prejuicio a guiar el pensamiento hacia la moral cristiana, hacia el dogma fundado por la Iglesia, a aceptar conceptos metafísicos extraños y atrevidos, así como a sistemas teológicos complejos y contradictorios. No nos equivocamos, pero lo

---

[19]   *La doctrina de las categorías y del significado en Duns Scoto*, de Martin Heidegger. Véase también De Duns Scoto a Martin Heidegger, de Antonio Pérez-Estévez.

cierto es que todo lo que estos dijeron sigue sin estar resuelto en nuestros días, por lo que es fundamental conocerlos. En relación al debate, Duns Scoto mostró fuertemente su voluntarismo, convencido de forma plena de la primacía de la voluntad sobre el intelecto. Esto se ve en la interpretación que el Doctor sutil muestra sobre los textos aristotélicos. Hemos hablado en relación a santo Tomás de la concepción aristotélica de la potencia irracional y la potencia racional. Mientras en el Aquinate esta idea permanece fiel a la del meteco, Duns mostrará una interpretación un tanto más original que la de santo Tomás. Considerando el pensamiento de Aristóteles algo ambiguo, Duns se propone adaptarlo a la noción de voluntad.

Solo hay dos modos genéricos de licitar la propia operación. Pues o bien una potencia está por sí misma determinada a obrar de tal manera que por sí misma no puede dejar de obrar si no es impedida desde fuera. O bien no está determinada por sí misma, sino que puede hacer este acto o su opuesto; obrar o no obrar. El primer [tipo de] potencia se llama comúnmente naturaleza, el segundo se llama voluntad.[20]

La novedad de Duns Scoto es la concepción de la inteligencia como un principio natural, ya que la inteligencia no puede producir nunca su contrario, esto es, la no-comprensión. Dicho de otro modo, nosotros, los humanos, no podemos comprender o no comprender cuando captamos

---

[20]   *In Metaph*, IX, cuestión 15, número 22.

un fenómeno o abstraemos un objeto. No podemos no saber lo que es un lápiz después de haberlo aprehendido. Todas las ideas que abstraemos permanecen fijas en nuestro entendimiento. Es por esto por lo que la inteligencia, en el hombre, es una potencia pasiva. El intelecto está determinado a entender, ya que este es su fin último, su causa final. Por el contrario, la voluntad sí puede querer o no querer un objeto o realizar un acto. Así se dice que la voluntad es la que determina la acción. El hombre, poseedor de la facultad de la voluntad, puede obrar contingentemente, ya que su voluntad es elemento activo, de modo que puede inclinarse a la volición de una u otra cosa. Mientras Aristóteles considera que es el intelecto el que determina la acción, Duns sostiene que no es otra cosa que la voluntad. Es también en su *Quaestiones super libros Metaphysicorum Aristotelis* donde Duns reconoce que Aristóteles concibe inteligencia y voluntad unidas. Es el escocés quien no solo las separa, sino que concibe a la voluntad como la potencia racional[21], pues, a diferencia del intelecto,

> está abierta a los opuestos, tanto respecto de su acto propio como de los actos inferiores; y está abierta a los opuestos no de modo natural, como el intelecto que no puede determinarse hacia alguno de ellos, sino de modo libre pudiendo determinarse. Y por ello es potencia, porque puede algo, pues puede determinarse.[22]

---

[21]   *La afirmación de la libertad en el pensamiento de Duns Scoto*, de Lucas Buch.
[22]   *In Metaph*, IX, cuestión 15, número 53.

De este modo, la objeción escotista a Aristóteles es la superioridad de lo contingente respecto a lo necesario, *pues la contingencia es más noble que la necesidad.* Así, el intelecto es naturalmente activo, mientras la voluntad es libremente activa. Véase la gran importancia que otorga Scoto a la voluntad:

> *La voluntad es aquella potencia en cuyo poder se encuentra su propio actuar, o sea, la que es señora de su acto.*[23]

Además, Scoto acude a la experiencia para justificar la libertad de la voluntad. Según dice el Doctor sutil, *quien está queriendo (qui vult) experimenta que no puede no querer (non velle) o rechazar (nolle)*[24]. Por esto, Duns Scoto pone de manifiesto la *irreductibilidad del concepto*, esto es, la voluntad obra libremente porque es voluntad, en su esencia está lo expuesto, así como el frío enfría porque es frío, y el calor calienta porque es calor.

El fin del pensamiento de Duns es demostrar que el ser humano es dueño y señor de sus actos, al no depender estos del contenido de su intelecto. En su estudio acerca de la fruición, Scoto trata el objeto del gozar (*frui*). En la constitución del acto, nos dice el Doctor sutil, este puede ser de dos modos:

---

[23] *La afirmación de la libertad en el pensamiento de Duns Scoto*, de Lucas Buch.

[24] *In Metaph*, IX, cuestión 15, número 30. Véase también La afirmación de la libertad en el pensamiento de Duns Scoto, de Lucas Buch.

el acto del asentimiento a lo bueno por razón de sí es acto perfecto.
(...) el acto imperfecto de querer lo bueno por razón de otro, que se
llama uso, y el acto perfecto de querer lo bueno por razón de sí, que se
llama fruición, y el acto neutro, y la delectación consiguiente al acto.[25]

En la línea aristotélica que ya vimos en santo Tomás, la voluntad no persigue el acto imperfecto, esto es, el uso, sino que la voluntad aspira al fin, esto es, la fruición. Y su consecuencia es la natural delectación, es decir, el goce del fin.

Se sostiene, en defensa del voluntarismo, que es posible la perversión de la voluntad, ya que esta, en tanto que potencia activa libre, no se ve obligada a cometer el bien ni las acciones morales adecuadas, sino que puede seguir tres tipos de fines: el verdadero fin *(verus),* entendido este como lo dictado por el dogma cristiano, similar a la postura agustiniana y tomista, se refiere al fin en sí mismo, a lo que todo ser humano aspira por naturaleza (la *fruitio ordinata),* ligado a la práctica de la virtud y la búsqueda de la salvación. En segundo lugar, se habla de un fin aparente *(apparens),* así como uno establecido por la propia voluntad, un fin fijado por esta *(praestitutus),* que no tiene necesariamente que fijarse por la sabiduría ni por el bien en sí mismo[26]. Lo novedoso es que Duns sostiene que en este fin último puede hallarse el pecado: si la voluntad persigue el pecado como fin último, fijado por ella misma, será libre de hacerlo, aunque el intelecto conozca a la perfección lo que es el pecado y lo que es el bien. No

---

[25] *Comentario sobre la fruición,* parte segunda, cuestión I, I, af. 68.
[26] *Comentario sobre la fruición,* parte segunda, cuestión I, I, af. 68.

por ello Duns acepta tan válida la volición alejada del mal como la volición que se inclina a la búsqueda de Dios, así lo dice el Doctor sutil: *la volición de Dios es más noble que la de cualquier otro [bien]; así pues, tienen una distinción específica por el objeto*, algo que comparte con Enrique de Gante. A esto puede añadirse ya la discrepancia con el pensador belga: aunque ambos reconocen la importancia del intelecto para el ejercicio de la libertad, Duns se distancia al afirmar que el objeto pueda ser causa eficiente del querer, puesto que, si la voluntad ha de ser dueña de su acto, este no puede ser causado por un agente externo[27]. Un cierto radicalismo se ve en la consideración de las cuatro posibilidades en las que la voluntad y el intelecto interaccionan: *cuando una voluntad elevada sobrenaturalmente lo ve con claridad*, aquí se refiere Duns al objeto por el cual se puede dar la volición. Lucas Buch expone muy bien su postura:

> *(…) ni siquiera el conocimiento perfecto del objeto perfectísimo mueve necesariamente la voluntad finita elevada sobrenaturalmente (…) ni la plenitud de la caridad ni el conocimiento perfecto modifican la naturaleza de la voluntad. (…) Tan crucial es este punto para Escoto, que llega a afirmar que sería posible, de parte de la libertad, contemplar inmediatamente el fin último y, sin embargo, no quererlo (non velle), o, en todo caso, no quererlo ordenadamente.*[28]

---

[27] *Relacionalidad y trascendencia de la libertad en el pensamiento de Duns Escoto*, de Lucas Buch.

[28] *La afirmación de la libertad en el pensamiento de Duns Scoto*, de Lucas Buch.

He aquí la total primacía de la voluntad sobre el intelecto.

Se ha dicho antes algo que debe quedar claro: Duns no desprecia el intelecto como facultad participante en la libertad del ser humano, pues nuestro autor no fue defensor del irracionalismo, sino que tan solo asume la primacía de la voluntad, a la vez que la considera independiente en el acto volitivo. Todos estaremos de acuerdo en que no podemos querer aquello que desconocemos; válgase cualquier ejemplo: no puedo querer comer chocolate si nunca en la vida he catado cosa parecida, esto es, si mi intelecto desconoce totalmente el objeto por el cual posteriormente puede darse el caso de que me resulte apetitivo y mi voluntad se incline hacia él. Es por esto por lo que Scoto sostiene que el conocimiento es solo causa accidental, ya que el conocimiento del objeto por el entendimiento, en este caso el chocolate, nunca pasa de ser la causa accidental de nuestro querer.

Lo que preocupaba a los medievales era la cuestión cristiana: si un hombre que no conoce a Dios comete acciones faltas, ¿podrá decirse que desobedece la palabra de Dios? ¿Podrá decirse que está cometiendo el acto del pecado? En esto también se pronuncia el Doctor sutil, quien sostiene que no hay maldad en un hombre que desconoce a Dios y actúa contrariamente a la ética. Su voluntad jamás podrá despreciar, rechazar ni odiar algo que desconoce. No obstante, Duns sí imputa radicalmente a aquellos hombres que conocen a Dios y voluntariamente lo desprecian, pues es en su voluntad donde hemos dicho que residía todo el peso del acto, la que se aleja de Él, la que puede despreciarlo, rechazarlo y odiarlo.

La intelección (…) es más noble en cuanto a su ser físico, pero no lo es, sin embargo, en cuanto a su ser moral, pues, en la línea de la moralidad, más vale obrar firmemente que pensar obrar con firmeza.[29]

★★★★★

A día de hoy, la Iglesia católica acepta ambas posturas del debate. Lejos de posicionarse fanáticamente en una hipótesis, reconoce la sólida estructura argumental de ambas. En definitiva, tratar acerca de cómo se da el acto libre en el ser humano resulta igual de escabroso que de fascinante. No obstante, ambos están de acuerdo en que, sin duda, los actos de los seres finitos están tentados por agentes, desde el inofensivo entendimiento del objeto como causa accidental, la concupiscencia del mundo, hasta la más diabólica serpiente que incita al pecado.

Cómo afectan los agentes a la libertad de los seres humanos lo veremos en la segunda parte del ensayo. Identificaremos los aspectos que potencian la inclinación de nuestras voluntades y constituyen así nuestra realidad: civilizaciones compuestas por individuos cuyos actos están condicionados por las malas intenciones de los agentes, pero que no cuestionan en absoluto el estado de su libertad.

---

[29]   *Ordinatio*, parte V, cuestión 2, III, af. 256.

SEGUNDA PARTE

¿Existes, libertad?

Los hombres se engañan al creerse libres;
y el motivo de esta opinión es que tienen conciencia de sus accio-
nes, pero ignoran las causas porque son determinadas.

Baruch Spinoza

Como el antagonismo entre lo apolíneo y lo dioni-síaco, se hallan en disputa dos términos abstractos alejados de nuestro entendimiento, aquejando nuestros actos. Tales son *libertad* y *libertinaje*. Recíproca pertenencia hay entre ellos. Protagonistas de un maniqueísmo desenfrenado perfectamente camuflado en apetencias, voliciones, vicios, impulsos, fruiciones y un hedonismo normalizado propio de las sociedades industriales de hoy. Dos fuerzas antagónicas peleando constantemente entre sí y prendiendo fuego donde allí se hallen. En la más peligrosa inocencia, los individuos aseguran ser libres en un mundo que los somete a lo contrario, jugando ciegamente con el concepto de libertad y desconociendo todo aquello que este esconde, sabiendo más bien poco sobre el mecanismo que imposibilita este fenómeno. La ropa que vestimos, la comida que comemos, las horas que dormimos, el temario que estudiamos, el desempeño de nuestro oficio, las gentes con las que nos relacionamos, las conductas morales que respetamos, los motivos por los que nos enfadamos o lloramos; en suma, de toda nuestra acción humana decimos que esta sucede siempre en libertad. Y lo decimos convencidos, sin identificar los agentes que nos obligan a tan distorsionada realidad.

Mientras Apolo, dios del sol, lideraba en la antigua Grecia el orden, la armonía y el equilibrio, Dioniso, dios del vino, causaba un fuerte antagonismo al albergar la embriaguez, el caos y la irracionalidad. Según se dice, los presocráticos diferenciaban divinamente ambos dioses, ambos elementos: lo apolíneo y lo dionisíaco. Aceptaban ambos elementos como intrínsecos en la vida de los hombres. No solo la armonía y la razón era lo esperado por los griegos, sino que comprendían que el sufrimiento también era propio del ser. A día de hoy, los ciudadanos del mundo abusan de considerar sus actos como servidores de la armonía de la razón, cuando, en realidad, los acosa una opaca embriaguez a la que llaman *libertad*, y no es más que un rocambolesco libertinaje que marchita poco a poco el acto libre, haciendo del individuo una suerte de peluche a pilas, que obedece las órdenes que se le impongan.

Pero ¿existe semejante quimera? ¿Puede el ser humano conocer la libertad? ¿Podría, incluso, llegar a poseerla? ¿Puede el hombre ser libre?

No es original el planteamiento de este debate, ya que la libertad es un término equiparable al concepto de eternidad, de alma, de ser o de Dios, eternamente puesto en boca de las más admirables mentes, manifestada con los mejores axiomas, siendo incluso el pilar de grandes sistemas filosóficos, económicos o políticos.

Si se quiere entender la libertad, no discreparemos en que una de sus características es la suma independencia de lo ajeno, esto es, la ausencia de necesidad. Esta independencia puede decirse de muchos modos, siendo la libertad física uno de ellos, donde nos decimos libres en tanto que no somos impedidos de ningún modo por un tercero de llevar a cabo una acción que deseamos hacer. No obstante, en este ejercicio simple, tautológico, ya hemos mencionado el deseo, la volición, por lo que me obligo a preguntar: ¿somos libres de desear hacer dicho acto?, ¿somos libres de desear una u otra cosa? Abandonamos la libertad física y nos desplazamos a otro tipo de libertad mucho más compleja que esta.

El ser humano sensible está sometido naturalmente a una teleología de origen desconocido sobre la cual versa todo lo que a él compete. Su conocer está limitado a la naturaleza de su anatomía, del funcionamiento de sus facultades sensoriales y cognitivas, lo cual ya asume la dependencia de esta naturaleza adscrita. Esta aceptación tautológica nos lleva ya a colocar límites a nuestra libertad. Preguntaremos al humano si es capaz de contradecir las leyes de la física terrestre a gran escala, como, por ejemplo, si puede sobrevivir al fuego, a la deshidratación, a la hambruna.

Así, el hombre depende del alimento para la subsistencia, y no es libre sin él, depende también de un clima apropiado para su cuerpo, depende, en suma, de su naturaleza. Inmejorablemente lo ha dicho el determinista radical por excelencia:

Por derecho e institución de la naturaleza no entiendo otra cosa
que las reglas naturales por las que concebimos que cada individuo
está determinado por naturaleza.[30]

En suma, uno cae rápidamente en la postura radical de que la libertad entendida como ausencia de necesidad solo es posible desde la omnipotencia. Pero antes de caer en la simpleza de admitir esto, sigamos cuestionando la libertad individual.

Será necesario, por lo pronto, conocer todas las causas del mundo con el fin de ser más libre, pues el conocer tantas más causas y efectos que puedan ser recogidas en el intelecto humano hará posible que la voluntad se incline a un *télos* más adecuado o a otro menos adecuado. Podemos admitir que es más libre el que sabe transformar la naturaleza en alimento que aquel que desconoce por completo este supuesto. También decimos que quien sabe que el fuego daña al ser humano y puede causarle la muerte será más libre de actuar acorde a sus fines que alguien que desconoce esto. Surge aquí otra cuestión: ¿es libre el humano de elegir su fin? Esto es: ¿somos libres de querer lo que queremos? Y de lleno nos metemos en el retorcido planteamiento de Schopenhauer, quien dice: *el concepto de libertad que, hasta ahora, se pensó en relación con el poder se puso en relación con el querer y surgió el problema de si la voluntad es libre*[31].

---

[30] *Tratado teológico-político*, libro XVI, capítulo 1.
[31] *La libertad de la voluntad*, de Arthur Schopenhauer.

La respuesta no puede ser afirmativa; ¿diremos que es libre el hombre que desea lanzarse al vacío de un precipicio tan solo porque ha visto una hermosa especie de animal que encanta a sus sentidos si este desconoce que el impacto contra el suelo acabará con su vida? Algo similar planteó Stuart Mill en *Sobre la libertad*: se contextualiza a un paisano hallado a escasos instantes de cruzar un puente declarado inseguro, siendo desconocedor de este último dato tan importante. La ausencia de señales que indiquen el mal estado del pontón hará incapaz a nuestro hombre, el cual ha fijado como fin llegar al otro lado, el plantearse los medios por los cuales busca atisbar su fin. No obstante, a pocos metros se halla otro hombre sentado en un banco. Este, nos dice Stuart Mill, lleva habitando el lugar por varias décadas y conoce a la perfección el estado del puente[32]. La información que posee puede hacer que el vecino no cometa la imprudencia que puede acabar con su vida, pues el fin de este medio no sería llegar al otro lado, sino precipitarse al vacío. Por ende, es aparente que este último hombre es más libre que el primero. A no ser, diría el autor liberal, que el hombre quiera acabar voluntariamente con su vida. Entonces, el fin es ahora distinto, por lo que el medio le será adecuado. Siguiendo este hilo reflexivo y en conexión con lo antes planteado, el acto del suicidio que ahora contemplamos también está sujeto al debate por la libertad. Precipitarse al vacío buscando la muerte es un acto que nos lleva al fin: la muerte es el fin que queremos.

---

[32] *Sobre la libertad*, de John Stuart Mill.

Se pregunta ahora: ¿es un acto libre el de ese hombre que busca acabar con su vida? Rotundamente no, pues los individuos que interrumpen violentamente su existencia lo hacen mayormente por la preferencia a la inexistencia, al cese de la sensibilidad que en vida les produce un hastío que consideran superior al de la muerte. Entonces, de nuevo, argüimos que el efecto del suicidio está motivado por causas previas. Se objetará: *uno posee libre albedrío. Aunque uno viva una vida plena y adore cada minuto de su existencia, podrá libremente cometer ese acto. Podrá suicidarse sin causa alguna.* Esto es absolutamente inconcebible, pues todo acto del ser humano tendrá esencialmente una causa, por desconocida, por simple, por errada, por loca, por incomprensible que esta sea. Incluso aquel que pierde la cordura y, como poseído por los instintos más desconocidos por la ciencia de la mente, arremete contra los más inoportunos actos que en la cordura jamás serían siquiera valorados, siendo posible, de este modo, un *suicidio involuntario*, diremos que la causa del mismo ha sido la pérdida de control, la posesión por la insania, cuya existencia en acto no depende de la libertad del individuo, pues este no puede decidir si entrar en ella o no. Por esto, se dice que el hombre no es libre de nada más que de la libertad física de cometer actos, actos que no decide hacer libremente.

Sin necesidad de seguir con ejemplos de este estilo, podemos reflexionar sobre el acto libre de los seres humanos que viven en sociedad. Se ven en la posición de desarrollar un civismo, el cual blinda la mayoría de las veces la educación de los padres y la escuela, con el fin de la posibilidad de vivir en sociedad, de adaptarse a las costumbres, normas de conducta y, en suma, de incorporarse a la superestructura social. Aquí ya vemos que todos los medios por los que versa el obrar de un colectivo apuntan a un fin; en este caso, se ha seleccionado poder vivir en sociedad, ser cívico. En el colectivo, algo que aparentemente resulta abstracto, reside también el espíritu de autoconservación, la *oikeïôsis* estoica de Zenón. Mediante la educación y la constitución política de las civilizaciones se percibe el deseo de estas de seguir existiendo, por lo que cada individuo es enseñado a respetar las leyes; a tratar con respeto a las personas; a valorar más o menos determinados actos; a aspirar a fines pautados como graduarse en la escuela; a conseguir un puesto de trabajo; a tener buenas amistades; a formar una familia y cualesquiera costumbres que puedan pensarse. No obstante, el aprender a vivir en sociedad no tiene por qué ser únicamente un fin perseguido por unos padres que desean que su hijo se integre en la escuela, que muestre saber estar y educación en los comercios locales o que encaje en el grupo con el que practica actividades extraescolares. Para una mayor libertad, diré, debe uno conocer cuanto más pueda, permitiéndose desprenderse de lo que el intelecto le señale como negativo o indeseable. En todo este proceso se requiere la natural constitución del individuo como *persona*, esto es, afinarse como ente perteneciente a un colectivo que presentará sus discrepancias propias de su individualismo con respecto a las conductas morales de la sociedad. Si se me permite la siniestra comparación, el individuo es una célula particular, con un determinado citoplasma, con mitocondrias de mejor o peor calidad, con núcleo o sin él, con una membrana más resistente que otras. Esta célula se diferencia de todas las demás que constituyen el tejido. Para que esta conozca sus propiedades, debe conocerse a sí misma incrustada en el tejido con las demás células. Algunas serán muy parecidas a ella, mientras otras serán notoriamente distintas, pudiendo apreciar las evidentes diferencias entre sí. Con esto quiere decirse que el individuo aislado no es nada, es similar a un átomo, está vacío; no es más que una tabula rasa, en sentido estoico. Si esta pretende cargarse de contenido, deberá interactuar con los demás individuos, hallar sus similitudes y discrepancias, desarrollar las emociones, odiar, amar, sufrir, gozar, para nutrir un intelecto que permita un ejercicio de la libertad.

Dicho esto, debe comprenderse una gran paradoja: al producirse este contacto en la civilización a la que cada uno ha sido destinado por azar, empapándose bien de las conductas morales, de los aspectos típicos y todo lo que englobe la cultura determinada, le será ardua tarea desprenderse en su totalidad de todo esto, pues el individuo ya se ha bautizado de los rasgos propios de su pueblo. *Puedes, siendo prudente, conocerle;/ podrás, si fueres bueno, despreciarle*[33], como diría Francisco de Quevedo, refiriéndose al mundo, pero muy difícilmente el hombre podrá evadirse de un irremediable etnocentrismo, por muy mínimo que este sea, respecto a otras formas de comprender el mundo. Esto lo

---

[33] *Contra los que quieren gobernar en el mundo y viven sin gobierno*, de Francisco de Quevedo.

ata a un modo de obrar, ni mucho menos unidireccional, aunque sí en la mayoría de ocasiones, pero sí en virtud de un patrón similar al de su cultura. Bravísimamente lo ha expresado David Hume de este modo:

> *Es tan grande la interdependencia de los hombres en todas las sociedades, que casi ninguna acción humana es totalmente completa en sí misma, ni se realiza sin alguna referencia a las acciones de los demás, las cuales son imprescindibles para que se satisfaga la intención del agente.*[34]

Poco después, el mismo autor señala que *solo podemos entender por libertad el poder de actuar o no actuar de acuerdo con las determinaciones de la voluntad*[35]. Esto no es otra cosa que la libertad física, la libertad de desplazarse tres pasos hacia adelante sin que lo imposibilite un accidente, como puede ser un muro de hormigón ubicado justamente delante de nosotros, o bien el potente pegamento que incruste nuestros pies al suelo, impidiéndonos andar. Este tipo de libertad es lo que en filosofía se suele denominar *libertad negativa*, pues reduce a una simple inmunidad física, a un *poder-hacer*. Tanto es así que los clásicos se referían a ella como *libertad de indiferencia*[36].

---

[34] *Investigación sobre el conocimiento humano*, de David Hume.
[35] *Ibidem.*
[36] Véase *Dos conceptos de libertad*, de Isaiah Berlin. Véase también *El concepto de libertad en contextos mundanos y científicos*, de Gustavo Bueno. O también *Fundamentación de la metafísica de las costumbres*, de Immanuel Kant.

Muchos autores han tratado, en la concepción del individuo, arrojar sobre este la idea de libertad como una condición del mismo, como algo inseparable de su esencia. Permítaseme la metáfora que mi poca capacidad narrativa ha podido discurrir: la comprensión del sujeto de la especie humana es similar a la del astronauta fuera de órbita. La existencia del astronauta es imposible sin el traje espacial que garantiza su vida, del mismo modo que el individuo no es nada, no existe como persona sin comprenderlo como un ente sometido a una cultura propia de una sociedad que garantiza su pleno desarrollo y, si la geografía juega a su favor, contar con una educación que logre despertar un espíritu crítico, en virtud del cual se zafará de aquellos valores, ideas, ideologías, hábitos u otros seres humanos que atenten contra su imperturbabilidad, del mismo modo que un astronauta puede hacer de su traje más ligero, o bien atribuirle accesorios como chapas y pegatinas con los que se sienta mejor, pero jamás podrá desprenderse de su herramienta, que es, a decir verdad, parte de él. Pero el ser humano no es un átomo, pues el átomo, *per se,* no puede formar nada, así como el individuo no existe sin su *bautizo cultural* que lo haga pensar como piensa, sentir como siente, atraerse por las cosas que lo atraen, gustar de los manjares de su tierra, así como caer en los sesgos más comunes de su entorno. Alúdase a la célebre frase de Schopenhauer:

Cinco minutos después de nacer, decidirán tu nombre, nacionalidad, religión y secta, y pasarás el resto de tu vida defendiendo desesperadamente cosas que no elegiste.[37]

No obstante, la tesis que venimos desplegando puede, seguramente, alejarse del pesimismo de este aforismo, pues el ser humano ha sido dotado con una razón que permite el autoconocimiento, saber su posición en el mundo, por lo que es gracias a la acumulación de saber por la que uno puede llegar a volverse libre, al menos más libre que cuando no sabía.

En definitiva, se arguye aquí que la libertad no es *a priori* en el ser humano, no es una condición intrínseca de la especie, pues el individuo tiene necesidad del colectivo para su constitución como *persona*. Se ha dicho ya que la libertad en su definición absoluta no es accesible para nosotros, pero sí puede alejarse uno de la servidumbre de la ignorancia, por tanto, se dice que hay personas más libres que otras.

Decía Hegel que *conocer las limitaciones ya es estar más allá de ellas*, por lo que ser conscientes de los agentes por los cuales pensamos como pensamos y obramos como obramos supone un paso más hacia la libertad.

En cuanto al cristianismo como agente, a pesar del rechazo general de una notoria mayoría de la juventud a las prácticas religiosas, a pesar del desprecio hacia instituciones

---

[37]   Frase atribuida a Arthur Schopenhauer.

eclesiásticas y los valores que promueven, muy pocos serán los que nieguen que la mayoría de los ateos que habitan en Occidente han celebrado la comunión, emplean expresiones del tipo *¡ay, Dios mío!* o *¡Virgen Santa!* Muchos seguramente realicen la señal de la cruz en momentos de tensión, tal vez a modo de ritual en la previa a un examen o a una importante noticia médica, donde se manifiesta la esperanza y la fe, ocultas en situaciones de normalidad. Muchos continúan celebrando el matrimonio en iglesias cristianas. Y muchos terminarán siendo enterrados, tras el cese de sus vidas, en un cementerio cristiano. Estas verdades permiten atribuir a la mayoría de occidentales el término de *católicos culturales.* Con esto es visible la influencia que ejerce la cultura en nuestras vidas, siendo innegable que muchos de estos hechos son, a la postre, involuntarios cuando los llevamos a cabo. Uno podría dejarles claro a sus seres queridos que bajo ningún concepto se le permita a su cuerpo sin vida estar expuesto en una iglesia cristiana y, posteriormente, la familia decidir desobedecer esta última voluntad y enterrar a su difunto bajo la tierra de un cementerio santo. En este ejemplo concreto podemos asumir que sí existe un impedimento de libertad física, pues la decisión final será tomada por los miembros de la familia, quienes muy seguramente se vean angustiados por las consecuencias sociales que conlleva la petición del difunto. Su voluntad se verá sostenida sobre la finísima cuerda de la contingencia. A la hora de reflexionar sobre la toma de decisiones, nuestro pensamiento se estructura de las categorías de las que disponemos, esto es, premisas que consideramos de mayor o menor peso, de las cuales no podemos desprendernos, tales como la fuerte influencia social. La Iglesia jugaba un papel fundamental en las sociedades occidentales, más influyente que hogaño en estos aspectos. La familia no podía tolerar las malas lenguas de la gente del pueblo, suponiendo los comentarios que podían hacerse si no se celebraba un funeral y un entierro cristianos. No olvidar el factor del dinero, algo ya presente no solo en estos eventos, sino en la mayoría de compromisos. Con facilidad podía pensarse que la decisión de no celebrar funeral y entierro era por no poder pagarlo, algo que influye también en la toma de decisiones, ya que no apetecía mostrar un aparente bajo estatus. Lograr no transmitir una imagen negativa y evitar los rumores vale más que la voluntad concienciada y quizá razonada del sujeto del acto que tratamos, por lo que la libertad está incrustada al motor del funcionamiento de la sociedad. Así es como se consigue separar la importancia de lo verdaderamente humano a los intereses de clase, a ámbitos perversos de la moralidad como la apariencia o el alto estatus. Así es como se le pone un precio muy bajo a los principios de uno.

Con esto quiere ser dicho que no existe el efecto sin causa en los seres finitos. La totalidad de nuestros actos están determinados por una causa previa. Las circunstancias determinarán hasta la muerte, incluyendo incluso a esta última, nuestros actos y pensamientos. Drásticamente, la libertad solo es posible en virtud de la omnipotencia, incluyendo también las grandes paradojas que aquí se aguardan, entre ellas, una de las más famosas al tratar la omnipotencia de Dios: ¿un ser omnipotente tendría la libertad de crear una roca lo suficientemente pesada como para no poder levantarla? Si la respuesta es sí, no tendría la omnipotencia para poder levantarla y, si la respuesta es no, no tendrá la omnipotencia de crearla. Pero eso poco nos interesa, ya que el debate se centra en los seres finitos, los mortales, aquellos que se derrumban cuando pierde su equipo de fútbol, los que sienten emociones o los que se ven constantemente en la necesidad de tomar importantes decisiones, los que temen equivocarse, los que suspiran, lloran, gozan, sufren, aman y odian.

★★★★★

Una cita muy sonada y que define a la perfección el segundo elemento que quisiera tratar dice así: *Usted es libre de hacer sus elecciones, pero es prisionero de las consecuencias*[38]. Hemos dicho que la primera oración simple es una perogrullada filosóficamente hablando; ni usted ni ningún ser humano es libre de hacer sus elecciones, ya que toda elección tiene su causa, una causa que puede nacer de la propia voluntad, como elegir tomar un medicamento por querer la salud como fin, adquirir una chaqueta sin mangas por su atractivo o bien puede ser una causa ajena, como beber agua por causa de su necesidad para vivir. Un argumento muy simple, que, curiosamente, la misma cita podría destruir, sería afirmar con Hume que:

---

[38] Frase atribuida al poeta chileno Pablo Neruda.

Al estar fundadas todas las leyes sobre recompensas y castigos, se supone, como principio fundamental, que estos motivos tienen un influjo regular y uniforme sobre la mente, y al mismo tiempo producen buenas acciones y evitan las malas. Podemos asignar a este influjo el nombre que queramos, pero como normalmente está unido con la acción ha de considerarse que es una causa y puede tenerse por una especie de necesidad que aquí deseamos establecer.[39]

En una palabra, se dice que el conocimiento de las consecuencias hace que estas últimas se conviertan en las causas por las que uno comete o no comete tal acto. Se admite también, con san Agustín, que sí existe un libre albedrío que no imposibilite enteramente el obrar de un individuo. No obstante, sabida esta *teoría,* se dará uno cuenta de que todo el obrar humano versa sobre la captación de las voluntades. ¿Qué quiere decir? Que las fuerzas externas atentan constantemente contra nuestras fuerzas internas con el fin de captar, seducir, enamorar y finalmente arrastrar nuestra voluntad a cometer acciones que beneficien al agente externo. Como la concepción cosmológica nietzscheana de fuerzas antagónicas que luchan entre sí con el fin de someter a las otras, luchan los distintos agentes contra nuestra voluntad. Los fines de los hombres dependen muchas veces de otros hombres, como así lo vemos en la política, donde se persigue el voto de un ciudadano que necesariamente debe ser seducido por propaganda del partido para que el hombre lleve a cabo el acto de votar, medio por el cual ha escogido

---

[39] *Investigación sobre el conocimiento humano*, de David Hume.

un fin último, en este caso, un gobierno con las características prometidas por la organización política. Ocurre sobre todo en el comercio, donde el consumidor es bombardeado sin piedad con estrategias de *marketing,* con publicidad excesiva, irracional y completamente denigrante para que de alguna manera su voluntad se incline a la adquisición del producto. De este modo, el emprendedor no es ya alguien que busque ofrecer un mejor servicio y hacerse notar en el mercado por su calidad, sino competir de tal manera que haga todo lo posible por apartar de la racionalidad al consumidor del cual dependen sus ingresos, captando de él su voluntad y anhelando que en su libre albedrío, que no libertad, considere más oportuno gastar su dinero en una mercancía que sin las enfermedades que le producen todos estos factores vería totalmente prescindible, superflua, innecesaria.

Aquí se ve cómo, sin necesidad de una coacción física, esto es, el sometimiento del empresario al ciudadano a mercar su producto, sin que el primero allane la morada del segundo, lo coja de las manos y los pies y lo obligue a ir a su tienda a hacerse con su producto, el consumidor ve de muchas formas coaccionada su elección. No solo el factor empresarial y las estrategias de negocio llevan a cabo este acto perverso, sino más factores desde hace ya mucho tiempo atornillados en la sociedad, como el *qué dirán,* las comparaciones con los bienes de otros y las conclusiones ilógicas que de estas salen, todo lo que viene derivando en la neurosis o la psicosis de los individuos.

Expuesto ya el problema de la voluntad del consumidor, aún podríamos decir más sobre la voluntad del empresario. ¿Está ejerciendo su libertad el empresario que comete el acto de estudiar la manera de cómo causar el deseo de los consumidores por su producto? Pues lo cierto es que la mayoría de empresarios, resistiéndome a decir la totalidad, llevan a cabo este medio con el propósito de atisbar un fin: el dinero. Pero claro, hemos hablado ya de la distinción que hace Aristóteles entre los bienes en sí mismos y los bienes por causa de aquellos. Está claro que el dinero pertenece a los segundos, ya que el dinero jamás podrá ser un fin en sí mismo, sino un bien que permita otros fines, ya sea la seguridad económica, la posibilidad de adquirir tantos bienes materiales como se antojen o lo que fuere. Ya lo dijo Boecio: *Lo que da más brillo al dinero no es el atesorarlo, sino el gastarlo*[40].

Se podría rebuscadamente objetar que el dinero puede ser un fin en sí mismo si su demandante lo desea por sí mismo, aunque tras haber logrado poseer una cantidad que le satisfaga decida no gastar una sola unidad monetaria, ya que podría decirse que el simple hecho de disponer de él le produce cierta calma mental, cierta tranquilidad e imperturbabilidad. Sin embargo, en esta argumentación el dinero sigue siendo un medio, un bien por causa de otro más absoluto; el dinero es el medio por el cual se produce ese estímulo mental a quien lo posee, por tanto, el bien en sí mismo, lo realmente querido, es la tranquilidad. El dinero cumple así su papel como dinero fiduciario. También puede decirse esto de otros bienes supremos, como presumir de

---

[40] II *De consol.*

alto estatus, creerse poderoso o cualquier motivo que delate la psicosis del avaricioso.

Por lo tanto y, según lo que se ha dicho, ni consumidor ni vendedor son libres de participar en el comercio. Se ven sujetos desde necesidades tan primarias en la especie como la necesidad de *ganarse la vida* vendiendo pescado a los pocos habitantes de un pueblo —siendo este el mismo motivo por el cual los habitantes consumen el pescado, la necesidad de transformar la naturaleza para sobrevivir—, hasta ejemplos vigentes de la macroeconomía en los que el empresario, esclavo del dinero, se las ve y se las desea para atraer el bolsillo del inocente consumidor de las formas más inmorales ocurridas.

Lejos de concluir aquí la desfachatez de asumir que todo consumidor es un ignorante, un imprudente y que siempre toma la peor decisión a la hora de participar para con el mercado, debe volverse a algo fundamental en la concepción tomista del intelecto y la voluntad: el consumidor posee la razón en tanto que potencia natural pasiva, pues es algo intrínseco en los individuos de la especie. Todo ser humano la posee por su condición de tal. Ahora, a pesar de poseer razón, es posible que esta no esté estimulada y se limite simplemente a conocer objetos, delegando así todo el proceso de elección en la voluntad. Dicho de otra manera, el que acude hambriento a un local de comida rápida observa las opciones disponibles que el local le blinda. Estaremos de acuerdo en que el consumidor, por condición humana natural, conocerá el alimento allí expuesto, por ejemplo, una chocolatina.

Ahora bien, el acto realmente libre exigirá al consumidor un razonamiento sobre los hechos. El consumidor debe conocer datos fundamentales, como que esa chocolatina ha sido elaborada en un largo y malsano proceso en el cual le han sido agregados aditivos y azúcares en exceso, los cuales podrán dañar su salud, además de que dicho alimento no contiene los nutrientes suficientes para que nuestro sujeto sea capaz de afrontar el día. Digo más, factores como la fama de la empresa o el local que se le proporciona podrán influir en algunos consumidores: imaginen que el propietario del local explota a sus empleados incumpliendo sus contratos laborales. El consumidor podrá sentirse culpable al participar en el proceso de lucro de un individuo inmoral. El consumidor llevará a cabo lo que en teoría económica se conoce como el costo de oportunidad, esto es, valorar todas las opciones antes de la compra: *podré comprar un alimento más nutritivo en el local de al lado [diría el sujeto], si es que mi fin es una buena alimentación y una buena salud, o bien podré pasar hambre, ya que tengo prisa y no llegaré a tiempo si acudo al local más próximo.* Entran de nuevo estas fuerzas antagónicas peleando entre sí. Mientras se da esta reflexión, el sujeto observa la deliciosa pinta de la chocolatina, a la vez que el reloj, a la vez que, quizás, su dinero disponible en ese instante, que es también un factor a conocer que puede condicionar el acto. Lo cierto es que el local también juega un papel fundamental como seductor externo, ya que no le interesará nunca al propietario que el consumidor se cuestione mucho sus opciones y no sucumba a la fácil y

ÁLEX FERNÁNDEZ BLANCO

rápida devoción del instante, pues en este razonamiento tal vez caiga en la cuenta de la poca necesidad que tiene de adquirir la mercancía.

Por esto sí podemos asumir rotundamente, con santo Tomás, que *entender implica la simple elección de una cosa*[41], así nuestro hombre nunca será privado de la apetencia del objeto. Pero aquí no debe uno detenerse y depositar la plena confianza en el individuo, pues será fundamental que el consumidor lleve a cabo tal razonamiento, enemigo de las empresas a las cuales les beneficia que nunca se dé, en virtud del cual se preguntará cuál es el fin que desea. Por eso, *el objeto propio del razonamiento son las conclusiones a las que se llega por medio de los principios. (…) la voluntad tiene por objeto el fin, deseado por sí mismo*[42]. Por ello argumenta el Buey mudo que el apetito fruitivo jamás será perseguido por la voluntad, ya que nunca puede ser el fin en sí mismo. Será el libre albedrío el que mueva al hombre a los actos apetitivos. Así, y retomando, sí arguyo que los consumidores no podrán llamarse libres de consumir si no llevan a cabo el ejercicio de un fin, un fin que, como dijimos, tampoco puede decirse que sean libres de fijar. No obstante, si muchos fuesen conocedores de esta necesidad, se enfrentarán a la negativa de las empresas y su guerra contra los individuos más concienciados.

Sin necesidad de irnos tan lejos, este problema social ya fue expuesto por el psicólogo Daniel Kahneman al sostener la tesis de que los seres humanos poseen dos sistemas

---

[41] *Summa theologiae*, cuestión 83: «Sobre el libre albedrío», artículo 4: «El libre albedrío, ¿es o no es una potencia distinta de la voluntad?».
[42] *Ibidem.*

de pensamiento distintos: el que denunciamos aquí sería el rápido e intuitivo, donde no se dan las conclusiones pertinentes ni participa mucho el intelecto. Kahneman sostiene que en este sistema nos dejamos llevar por *atajos heurísticos*, como el caso de un consumidor que no valora la necesidad de ahorro, ni la necesidad de cuidar su salud y factores varios que se pueden fijar en cualquier transacción económica[43]. Un segundo sistema, del que debe hacerse apología si uno pretende denominar a sus acciones *libres*, es el lento y reflexivo, donde ocurre algo similar a lo que hemos dicho de santo Tomas. Así, como hemos comentado, el empresario dedica todo el funcionar de su razón para tratar de que los individuos usemos tan solo el primer tipo de sistema del que hemos hablado. De esto se dirá mucho en otro capítulo venidero.

Sobre el análisis del comercio puede decirse, sin quitar una coma, lo expuesto por Herbert Marcuse, una de las más grandes eminencias de la filosofía del siglo XX, que, aunque de un mérito tal vez algo silenciado por el auge de Horkheimer y Adorno, los dos titanes de la Escuela de Frankfurt a la que Marcuse pertenece, presta este último una interpretación de la sociedad que difícilmente podrá objetársele mucho. Así, afirmo con Marcuse que:

> *Se puede distinguir entre necesidades verdaderas y falsas: falsas son aquellas que intereses sociales particulares imponen al individuo para*

---

[43] Véase *Pensar rápido, pensar despacio*, de Daniel Kahneman. Véase también *Libertad. Una historia de la idea*, de Josu de Miguel Bárcena.

su represión: las necesidades que perpetúan el esfuerzo, la agresividad, la miseria y la injusticia. Su satisfacción puede ser de lo más grata para el individuo, pero esa felicidad no es una condición que deba ser mantenida y protegida si sirve para impedir el desarrollo de la capacidad (la suya propia y la de otros) de reconocer la enfermedad del todo y de aprovechar las posibilidades de curarla. El resultado es, en este caso, la euforia dentro de la infelicidad.

(…) Tales necesidades tienen un contenido y una función sociales, determinadas por poderes externos sobre los que el individuo no tiene ningún control. (…) No importa hasta qué punto se hayan convertido en algo propio del individuo, reproducidas y fortificadas por condiciones de su existencia; no importa que se identifique con ellas y se encuentre a sí mismo en su satisfacción. Siguen siendo lo que fueron desde el principio: productos de una sociedad cuyos intereses dominantes requieren la represión.[44]

Por ello, en la actualidad, más que nunca, resulta un insulto al pensamiento considerar a los ciudadanos *libres*.

Sigue el pensador berlinés en defensa de la tesis que sostiene que el ejercicio de razonamiento libera de la servidumbre a la que somete el capital:

El predominio de las necesidades represivas es un hecho cumplido, aceptado por ignorancia y por derrotismo, pero es un hecho que debe ser eliminado tanto en interés del individuo feliz, como de todos aquellos cuya miseria es el precio de su satisfacción.[45]

---

[44] *El hombre unidimensional*, «Las nuevas formas de control», de Herbert Marcuse.
[45] *Ibidem.*

Más de Marcuse:

En última instancia, la pregunta sobre cuáles son las necesidades verdaderas o falsas solo puede ser resuelta por los mismos individuos, pero solo en última instancia, esto es, siempre y cuando tengan la libertad para dar su propia respuesta. Mientras se les mantenga en la incapacidad de ser autónomos, mientras sean adoctrinados y manipulados (hasta en sus mismos instintos), su respuesta a esta pregunta no puede considerarse propia de ellos.[46]

En suma, es propio de la pasividad del pensamiento y el adormecimiento del espíritu crítico lo que lleva a las gentes a creerse libres en sus actos. Lo cierto es que enormes y poderosas entidades moldean la sociedad a su imagen y semejanza como si se tratase de una plastilina. Juegan con las mentes e inyectan en ellas un pensamiento unidireccional, permitiendo con astucia grandes colectivos de individuos similares que visten las mismas ropas, comen los mismos alimentos, escuchan las mismas canciones y consumen los mismos productos. Tampoco les molestan estos avisos, pues ya está consolidada la masa donde la voluntad y el deseo de autoconservación se ubican en el medio y, como un agujero negro, hacen orbitar a su alrededor a todo tipo de individuos junto a sus particularidades. No preocupa que alguien emprenda su propia energía reveladora, por eso ni siquiera es necesaria la censura. El funcionamiento del sistema educativo, la

---

[46] *Ibidem.*

oferta laboral, los requisitos, las oposiciones, la burocracia, todo impide que uno entienda el mundo, que comprenda todas las causas y efectos de dirigirse a una tienda de ropa y adquirir una chaqueta o tomar un refresco en un bar. Aunque se lean y se entiendan los grandes autores, aunque uno comprenda la teoría crítica, aunque uno se radicalice y se vuelva activista tratando de hacerle entender a sus cercanos la distopía que protagonizan, será ignorado, tratado como radical o loco. Decía Augusto Monterroso refiriéndose a una biblioteca de Guatemala que *era tan pobre que solo tenía buenos libros*[47]. Por esto debe ofrecérsele a la gente comprender el mundo y, con Kant, salir de esa *minoría de edad*, de la *ceguera* de la que habló Saramago. Transformarlo es y siempre será quimera, pero dar conocimiento es dar libertad, y es mejor vivir la servidumbre en el conocimiento que causarla en la ignorancia.

Bajo el gobierno de una totalidad represiva, la libertad se puede convertir en un poderoso instrumento de dominación. La amplitud de la selección abierta a un individuo no es factor decisivo para determinar el grado de la libertad humana, pero sí lo es lo que se puede escoger y lo que es escogido por el individuo. El criterio para la selección no puede nunca ser absoluto, pero tampoco es del todo relativo. La libre elección de amos no suprime ni a los amos ni a los esclavos. Escoger libremente entre una amplia variedad de bienes y servicios no significa libertad si estos bienes y servicios sostienen controles sociales sobre una vida de esfuerzo y de temor, esto es, si

---

[47]   Véase *Fragmentos de un diario*, de Augusto Monterroso.

sostiene la alienación. Y la reproducción espontánea, por los individuos, de necesidades superimpuestas no establece la autonomía; solo prueba la eficacia de los controles.[48]

★★★★★

Debe ser anotado también que muchos fines que perseguimos son por obligación de las circunstancias. Concibiendo la pirámide de Maslow, está claro que si nuestras necesidades básicas no están cubiertas, tendremos que poner nuestras facultades a la disposición de remediar este mal, tendremos que trabajar y dedicar el tiempo y esfuerzo necesario a esta tarea, dejando de lado fines más apetitivos o concupiscentes. En cambio, otra persona que tenga todas sus necesidades primarias cubiertas aspirará a un fin superior. El debate puede darse también sobre el inconformismo natural de los seres humanos a siempre aspirar a más; a considerar como básicos estados que otros particulares consideran inalcanzables, ya que pelean rotundamente por silenciar el rugido de su estómago, humedecer su lengua con un fluido líquido o privarse de toda necesidad secundaria para lograr seguir viviendo bajo un techo. Así concluimos que las circunstancias, muchas veces adscritas, hacen más libres a unos que a otros. Esto se ve en la severa distinción social cuando se les pregunta a los niños de distintos países qué es lo que desean con más fuerza.

---

[48] *El hombre unidimensional*, de Herbert Marcuse.

Mientras unos contestan con bienes materiales, como un buen coche, un buen teléfono, una buena casa o, sin rodeos, una enorme cantidad de riqueza, otros sonríen y contestan que sería un sueño para ellos ingerir algo de carne o pescado. Esto muestra cómo los humanos persiguen fines distintos según las circunstancias de cada uno. También cobra protagonismo el conductismo, pues mientras un niño de familia adinerada ve muy habitual el consumo de carne, siendo esto un factor de higiene en su ausencia, en el niño menos pudiente supone una valía enorme, pasando a ser un factor de motivación, ya que no cuenta con este producto muy a menudo. Por el contrario, este último no es capaz de entender el sentido de disponer de un coche de alta gama, pues sus necesidades básicas no están cubiertas. Y esto, simplemente, para seguir con las tautologías.

★★★★★

En pocas palabras, se ha tratado de defender el esbozo de una tesis que sostiene que la libertad no existe como concepto puro. Empero, sí es posible el empleo de las facultades humanas de voluntad y entendimiento para un desprecio a nuestros actos presentes cuyas causas desconocemos todavía. Y esto también se dice en sintonía con santo Tomás, que, a pesar de su postura intelectualista, sostiene que la voluntad sirve de impulso al intelecto. Citando al bizantino sacerdote del siglo VIII, Juan Damasceno, afirma santo Tomás que *de nosotros depende aprender o no cualquier arte que queramos*[49].

Por ende, parece que el primer paso hacia la libertad es inclinar la voluntad hacia el conocimiento como fin; el segundo paso es el empleo del conocimiento como medio para un fin aparentemente inaccesible: la libertad. Aunque resulte paradójico, este es el arte de la libertad. Si se ha dicho que el saber hace al hombre más libre que el hombre que no sabe, inclinándose a la tesis intelectualista, se arguye que la voluntad debe someterse al apetito del intelecto. Es así como ambas corrientes pueden fusionarse y ponerse en práctica.

---

[49] *Summa theologiae*, cuestión 82, art. 4

TECNICISMO Y PERVERSIÓN DE «LA COSA EN SÍ»

*Cuando se descubrió que la información era un negocio,
la verdad dejó de ser importante.*

RYSZARD KAPUSCINSKI

Como un estoico del obrar del *fatum*, el anarcocapitalista vive enamorado de las majestuosas leyes del mercado, las cuales seducen su intelecto y tientan la posibilidad de su dominio por los empresarios que tratan de servirse de ellas para su empresa. Es a los economistas de todos los tiempos a los que debemos la desnudez de estas leyes, pues las grandes contribuciones de la historia de la economía sobre la teleología a la que obedece el mercado son por ellos estudiadas. Pero del mismo modo que un irónico Nietzsche, en el prólogo de *Más allá del bien y del mal*, en el cual compara a la verdad con una dona a la que todos los pensadores de la historia han tratado, sin éxito, de seducir[50], la libertad, objeto de este este ensayo, no se vuelve tan sumisa ante cualesquiera leyes mercantiles.

Obligado me veo a aclarar en esta sección que la crítica aquí hallada no es, ni mucho menos, hacia la veracidad, pragmática si se quiere, de ninguna idea acerca del funcio-

---

[50]   *Más allá del bien y del mal*, «Prólogo», de F. W. Nietzsche.

namiento del mercado. Lo que trato de hacer saber aquí es el libertinaje disfrazado de libertad que se halla tras las proposiciones de los economistas. Cómo afecta la libertad económica a la transformación de libertad en libertinaje lo veremos, si se quiere, con la objeción que cabe hacer a uno de los más influyentes autores de la *morfología del mercado,* Ludwig von Mises, y una de sus *Seis lecciones sobre el capitalismo.*

Con mucho acierto, el austriaco expone en su segunda conferencia lo siguiente:

> *La gente cree que en la economía de mercado hay patrones que son independientes de la buena voluntad y el respaldo de otra gente; que los capitanes de la industria, los empresarios, son los patrones del sistema económico. Pero esto es una ilusión. Los verdaderos patrones en el sistema económico son los consumidores. Si los consumidores dejan de ser clientes de una rama de negocios, los empresarios son obligados a abandonar su posición eminente en el sistema económico, ajustando sus acciones y sus deseos a las órdenes de los consumidores.[51]*

Contiguamente a esta inamovible e incuestionable reflexión, Von Mises presta el ejemplo de Lady Passfield, quien manifestó en su día su malestar y descontento con el autoritarismo de su padre. Las palabras textuales de la británica, citadas por Mises en su conferencia, son: *En el negocio de mi padre todos debían obedecer a órdenes que daba mi*

---

[51]   *Política económica [Seis lecciones sobre el capitalismo],* «Socialismo».

padre, el patrón. Solo él podía dar órdenes, pero a él nadie podía darle orden alguna. Mises, sapiente, aclara lo siguiente:

Las órdenes realmente eran dadas a su padre por los consumidores, por los compradores.[52]

Y pocas líneas después añade:

Bajo el sistema capitalista, los supremos patrones son los consumidores. El soberano no es el Estado, es la gente.[53]

Y cuando uno termina de aplaudir estas verdades, el deseo de no detenerse incrementa al atender a la idea venidera, a la cual se le debe hacer un enorme hueco en este capítulo. Nos dice Mises:

La prueba de que el pueblo es el soberano es que tiene el derecho de ser estúpido. Tiene el derecho a cometer errores, nadie puede impedir que los cometa, pero, desde luego, tiene que pagar por ellos.[54]

Mises comprende las imperfecciones del consumidor como soberano: *no decimos que el consumidor sea alguien que sabe lo que es mejor para él.* Nuestro autor rechaza vorazmente al Estado como autoridad paternal, que debe guiarnos y predicar, como tuvo en tiempos el honor de hacer la Iglesia, las acciones buenas o malas, que nos guíen, en caso

---

[52]   *Ibidem.*
[53]   *Ibidem.*
[54]   *Ibidem.*

del Estado, hacia un *télos* relativo, ya sea justicia o igualdad, en caso de la Iglesia, hacia la purificación del alma y la venidera salvación.

Quisiera, antes de proseguir con las palabras de Mises, poner en valor el contenido de estas ideas, pues mérito es de muchos economistas el saber ver todo el contenido filosófico que reside tras las proposiciones económicas. El austriaco plasma en la etiqueta de libertad individual las imperfecciones que esta conlleva para los seres humanos que impedidos se vean de no llevarla a cabo. Acepta las adicciones propias de los instintos de los hombres. Lejos de ser románticos idealistas, los anarcocapitalistas visualizan las inclinaciones individuales hacia sustancias consideradas dañinas o, al menos, antagónicas con una vida próspera y sana, como el alcohol o la droga. Así lo hace ver Von Mises más tarde, con la gran frase *libertad significa libertad para cometer errores*[55].

Es de considerar el orden del pensamiento de Mises, orden que es capaz de exponer en tan pocas palabras. Atendiendo a lo dicho por el economista:

Podemos ser muy críticos respecto a la manera como nuestros conciudadanos gastan su dinero y viven su vida. Podemos estar convencidos de que lo que están haciendo es totalmente insensato y malo, pero en una sociedad libre hay muchas posibilidades de que la gente manifieste sus opiniones sobre cómo los conciudadanos deberían cambiar su forma de vida. (…) Pero no deben actuar como policías

---

55 *Ibidem.*

con otra gente, para impedirles que hagan ciertas cosas, simplemente porque no desean que esa otra gente tenga la libertad de hacerlo.[56]

En este párrafo, Mises no nos habla de otra cosa que de la cuestión ética. Invitados por naturaleza a la reflexión filosófica de los contenidos de la moral, surgen grandes discrepancias que causan mayores frustraciones y malestares. El obrar individual se *arroya* contra la ideación de los valores colectivos generalmente aceptados. Nuestros juicios de valor brotan de los hechos que captan nuestros sentidos y, lejos de ser soberanos sobre el rebaso de la frontera de la ética, estos juicios de valor se fundamentan desde el mero subjetivismo, incapaz de poder teorizar sobre un modo de obrar universal que, por fuerza divina, deba ser acogido por todos los seres humanos. Esto es lo que comprende muy bien Mises, quien, como fiel a las ideas de la libertad, arguye que las acciones individuales tan solo pueden someterse a la crítica social de los ajenos, sin que se vean jamás sometidas a la imposibilidad de obrar motivada por consecuencias penales. Gusto es para muchos, en los cuales me incluyo, asistir a eventos formalísimos con una vestimenta atípica, como es ir en bañador y sandalias a la boda de un cercano. Innegable es, también, asumir las consecuencias que este acto conlleva. A uno le gustaría saber cuáles son estas, pues el ponerse vestimenta de playa en una boda, donde resulta insoportable a la vista de muchos el alejarse de la elegancia que presta el traje, la corbata o los zuecos, tal vez despierte

---

[56]   *Ibidem.*

algunos rumores entre los invitados, quizá insultos despectivos, a lo mejor alguna subida de voz o incluso la prohibición de la entrada por parte de los anfitriones o los dueños del local, los cuales anhelan conservar una buena imagen general en la que no encajan nuestras pintas. Estaremos de acuerdo en que este ejemplo es bastante inofensivo, y que los problemas sociales son mucho más relevantes, como la elección de un individuo por la cual decide ingerir una notoria cantidad de bebida alcohólica y coger el coche, o consumir estupefacientes y pretender llevar una vida normal, interactuando con los demás conciudadanos. Aquí surge un importante debate. Podemos preguntarnos cómo podría un vicio individual causar un daño colectivo. Bien, estaremos de acuerdo en que no se le debe coaccionar de ningún modo para impedir que gaste su dinero en tantos alimentos que atenten contra su salud como quiera, o fumar todos los cigarrillos que quiera, o beber todo el alcohol que quiera, así como, de algún modo u otro, se le haya puesto a su disposición toda la información pertinente acerca de las consecuencias que tiene la ingesta excesiva de dicho alimento, el daño que produce el tabaco en sus órganos o el peligro que supone para él mismo, y también para otras personas, estar bajo los efectos del alcohol. Pues bien, un individuo que sucumba a estas tentaciones muy fácilmente se verá en algún momento necesitado de acudir a un servicio público, sustentado con el dinero de los contribuyentes. Así, el adicto al tabaco será más propenso a duras enfermedades, cuyo tratamiento lo pagan sus conciudadanos. También el adicto al alcohol podrá causar un accidente en la práctica de la conducción, el cual causará unos daños y, por ende, unos costes. También en los grandes eventos deportivos se juntan numerosas peñas de ambos bandos, consumen bebidas alcohólicas y con frecuencia se forman altercados violentos donde tienen que intervenir los cuerpos de seguridad. También una persona con muy mala salud debido a su malnutrición requerirá de mucha atención médica. Por supuesto, cualquiera de estos tres, si cae en la severa adicción y, por suerte, se conciencia de las ventajas de su salida de esta última, necesitará, tal vez, un psicólogo que le ayude. Jamás, como humano y ciudadano, veré legítimo e inteligente negarle a cualquiera de estas víctimas estos servicios que necesiten, ni tampoco privatizar los mismos es una alternativa, porque volvemos al axioma de la desigualdad y la falta de libertad en el obrar de los hombres: si los vicios se curan con dinero, el exceso será solo un privilegio de quienes lo posean en abundancia. Lo objetivo aquí es que los vicios privados repercuten en el colectivo, el cual tiene que reparar los daños mediante un gasto público.

Siguiendo, se ha intentado decir que las imprudencias de los ciudadanos en libertinaje, esto es, sus acciones privadas, repercuten notoriamente en el colectivo. Lejos de dar con la solución, sí debe ponerse el ojo en la causa eficiente del problema, que no es otra que la que venimos denunciando hasta ahora: la necesidad de lucro de los empresarios que los lleva a perseguir las voluntades de los consumidores. La solución libertaria es ponerles un precio a todos estos hechos, y así la irresponsabilidad caerá en el consumidor. Pero asumir esto es ponerle un precio a la libertad: libre será aquel que pueda permitirse asumir todas sus imprudencias y remediar todos sus vicios. Además, que la convivencia puede volverse insufrible con individuos dependientes de sus respectivos consumos, los cuales les generan una pérdida parcial de la cordura, por lo que sus elecciones, las cuales en absoluto pueden llamarse libres, sí recaen negativamente sobre la sociedad. Y es el propio Mises el que reconoce la estupidez como un privilegio:

> *Uno de los privilegios del hombre rico es que puede permitirse el lujo de ser tonto por más tiempo que el hombre pobre. (…) Quizás los EE. UU. pueden darse el lujo de ser tontos por un poco más de tiempo que otros países.*[57]

Retomando la frase del poeta chileno de la que ya nos hemos ocupado en otro lugar, *usted es libre de hacer sus elecciones, pero es prisionero de las consecuencias*, se debe garantizar para la satisfacción de la libertad el conocimiento de estas consecuencias. En alusión, ya visto anteriormente en este ensayo, al ejemplo de Stuart Mill en *Sobre la libertad*, en el que el hombre que se aproxima a un puente cuyo deficiente estado desconoce, este merece que la facultad del entendimiento posea una información que vaya a modificar su voluntad de cruzar.

Con todo, lo que en ocasiones no se tiene en cuenta son las temibles consecuencias que motivan la represión

---

[57] *Ibidem.*

voluntaria a la que se acogen muchas gentes, pasando a ser, a la postre, las causas que logran impedir la iniciativa. No creo que sea digno de un mentor como Mises acogerse al simplismo de la libertad física del obrar individual para argüir la totalidad de su función técnica. El acto volitivo se ve en la necesidad de inhibirse debido a la virtud de la razón, que posee el contenido de lo venidero a su cumplimiento. De ahí la concepción de la voluntad como una potencia, cuyo paso al acto es contingente, sin hallar en esta contingencia la libertad, algo sobre lo que ya hemos profundizado.

Sostengo que Mises no negaría que la libertad tiene enemigos, sin referirme, esta vez, a los enemigos de la libertad económica, a ideologías fuertemente criticadas por el austriaco. Se refiere mi expresión a enemigos que nutren el impedimento de obrar. Las circunstancias hipotéticas de cada uno influyen, indudablemente, en las acciones: una larga e intensa jornada laboral impiden que un albañil se disponga a iniciar una sesión de musculación en un gimnasio al acabar el día. De acuerdo estamos en que el responsable albañil no cuenta con la prohibición de llegar a casa tras pasar muchas horas del día cargando sacos de cemento, ingerir rápidamente un alimento, preparar su bolsa e irse al gimnasio a levantar hierros. Pero su condición física, su agotamiento, seguramente incentive a nuestro obrero a preparar una comida rápida y permitirle a su cuerpo el reposo necesario, la recuperación que le posibilite rendir en su oficio en la siguiente y pronta salida del sol.

Es evidente que este debate está siendo conducido en su totalidad al ámbito filosófico, fuera del cual no tiene, a mi juicio, cabida alguna.

Aquí no acaba la frustración de nuestro obrero, pues resulta que el albañil anhela el cumplimiento de una de sus aspiraciones: desarrollar un buen físico y tener una envidiable salud. Retomando la primera parte, entrometida en estos párrafos aprovechando el auge de la filosofía que ahora inunda este planteamiento, cabe darle forma esquemática a nuestro ejemplo: el albañil, poseedor de inteligencia, comprende, en primer lugar, diversas nociones básicas de anatomía humana y nutrición, así como un fin último, siendo este el desarrollo de su cuerpo, la ralentización de su metabolismo y la adquisición de una salud de hierro. Atiende también al interés técnico que subyace a la ciencia y al ámbito del entrenamiento y la nutrición. En la inteligencia del albañil residen ya el fin último y los bienes que conducen al fin, por lo que, escrutando en sus posibilidades, atisba la posibilidad de conseguir su objetivo. Es aquí donde nace la volición. La pregunta abierta ahora es: ¿es libre nuestro compañero de especie de convertir su volición en acto volitivo? ¿Debe algo tan complejo como la libertad someterse a algo tan simple como la libertad física? El obrero afirmará, junto con Horkheimer, que *los hombres experimentan el encanto del placer solo cuando el sueño los arranca de la obligación del trabajo, del vínculo del individuo a una determinada función social, y en último término a un yo, y los reporta a la prehistoria libre de dominio y disciplina[58].*

Se me objetará enseguida: *¿A dónde pretendes llegar con esto? ¿Pretendes que el obrero no trabaje para cumplir su capricho o, lo que es peor, que los demás conciudadanos del obrero seamos responsables de sus anhelos y sus sueños frustrados?*

Aborreceré enseguida las respuestas afirmativas a estas cuestiones, como también aborrezco la negligencia intelectual de llamar a la puerta del obrero, sentarme con él mientras sorbo desenfrenadamente su café de cortesía, mirarlo a los ojos y decirle: *usted es totalmente libre de cumplir su deseo. Séquese el sudor de la frente, ignore cualquier dolor corporal que pueda proporcionarle las posturas antinaturales a las que se expone en su trabajo, ignore también su fatiga y somnolencia, y salga a levantar todo el peso que pueda en el gimnasio.*

Creer que un trabajador sometido a un pequeño sueldo tiene la misma libertad de disfrutar del placer de su cuerpo y de las demás consecuencias positivas del entrenamiento que un heredero que se limita a pagar la nómina a sus gestores desde su adosado en Torrevieja, simplemente porque ambos poseen libertad física de dirigirse al local, entrar y entrenar, es caer en el más insultante de los simplismos y alejarse de la realidad.

No se trata de denominar justa o injusta la realidad, sino de criticar la falsa idea de libertad que domina hoy muchas mentes.

---

[58] *Dialéctica de la Ilustración,* «Excursus II», de Max Horkheimer y Theodor Adorno.

Por si fuera poco, se fomenta también una *infalible* ecuación meritocrática que promete el éxito como resultado al sumar disciplina y tiempo. Por fabulosas que las virtudes del ser humano sean, por muy bien que haga las cosas, la fortuna resulta al resultado lo que el cero a la multiplicación; por enorme que sea el número, si está presente la mala o buena fortuna, el resultado está garantizado. Es por esto por lo que se fomenta la autoexplotación, por esto las redes se inundan de individuos sin estudios que se graban al lado de un coche de alta gama o de una mansión y te prometen que, si adquieres su curso de emprendimiento, repleto de un narcisismo atroz que camufla el simplismo del discurso motivacional barato e irracional, conseguirás ponerte en la misma posición que ellos. Así, el que trabaja de sol a sol se muerde la lengua cuando ve que produce muchísimo más de lo que le corresponde en su sueldo, y ve cómo su jefe aparece por la fábrica un día a la semana a mediodía en un coche que se ha comprado con las ganancias que él le proporciona. Así ve cómo al llegar sus vacaciones, no puede permitirse ir a ningún lado porque no gana lo suficiente como para gastar en ocio. Así se fragua en ellos la idea de trabajar más, de ir a la obra con dolor, de negarse a pedir la baja, de asediar con cumplidos a sus superiores, de despreciar a los que acuden a un sindicato, ya que se incumple su contrato. Así nacen los hombres dormidos, los robots. Por ello, mi intención es denunciar la idea de que a esto se le llame *libertad*. Toda técnica sociopolítica liberal conduce a la creación de un sujeto que se explota a sí mismo creyendo que se está autorrealizando. Como dice el pensador surcoreano, *la autoexplotación es más eficaz que la explotación por otros, porque va acompañada de la sensación de libertad*[59].

★★★★★

Como he mencionado antes, deslumbra positivamente la diversidad de temas genialmente ordenados que prestan las palabras de nuestro autor, que no deja fuera tema tan trascendente como el arte. Pero como una cara que merece ser desmaquillada, descubriendo las imperfecciones faciales que tras las mercadorías cosméticas se camuflan, la libertad que anhela regalar Mises al mundo también puede acogerse a la metáfora. Por esto, con pies de plomo trataré de exponer las aparentes tragedias que aquejarían a la libertad de los hombres en un sistema donde la libertad económica y el maniqueísmo entre productores y consumidores reinase cuesta abajo y sin frenos. Sigamos tratando las palabras de Von Mises:

> *Ha habido pintores, poetas, escritores o compositores que se han quejado de que el público no haya reconocido su obra, lo cual ha sido, según ellos, la causa principal de que hayan seguido siendo pobres. (…) ¿A quién debería confiar el gobierno la tarea de decidir si un pintor nuevo es grande o no? Debería confiar en el criterio de los críticos y de los profesores de Historia del Arte.*[60]

---

[59]   *Capitalismo y pulsión de muerte*, de Byung-Chul Han.
[60]   Política *económica [Seis lecciones sobre el capitalismo]*, «Socialismo».

Naturalmente, diremos, junto a Mises, que nadie puede obligar a nadie a adquirir obras de arte de las cuales no gusta, o las cuales no entiende ni aprecia. Muy seguramente, pintores y escultores mucho más incultos en la materia, mucho más descuidados en la técnica y, en suma, más *chapuzas* en lo que a las diversas y complejas cualidades del arte se refiere ganen mucho más dinero que aquellos que hacen un arte más *elevado*, si es que es posible de algún modo expresarse en estos términos, ya que se dice que el arte es totalmente subjetivo. Esquivando esta polémica, mi intención es referirme aquí a la prostitución del arte, arrojada a las fauces del consumismo atroz e irracional, donde más importa que el cuadro encaje con la armonía decorativa del hogar que su contenido. En relación con lo que se ha denunciado ya, se entrega el arte a las manos del comercio. Como hemos dicho y, en sintonía con cualquier economista austriaco, es así como funciona el mercado, y desgraciadamente el arte cuenta con un nicho muy reducido de apreciadores. Ahora bien, ¿de qué manera podrá confiar uno en la supervivencia del arte si este queda totalmente vendido a la razón instrumental que no persigue por sí mismo, sino que es un medio por el cual se consigue el fin de la riqueza? ¿De qué manera llamaremos *artista* al que desborda una cantidad incesante de conocimiento artístico, de talento para plasmar portentos en cuadros, esculturas, construcciones, canciones, dignos de causar catarsis en aquellos capaces de apreciar la belleza de su trabajo, pero vistos por las circunstancias a dedicar su vida a un *arte* más comercial, que decore el espacio de la pared encima del sofá, o que haga juego con la lámpara del recibidor?

Por esto se puede decir que el capitalismo mata sin piedad el arte.

El problema que más aqueja es el devenir teleológico de estas causas, donde veremos el resultado del auge de la razón instrumental como regenta de toda la acción humana. Así como muchos dedican años de su vida a estudiar cómo calar un producto, por deficiente que sea, en unos compradores a los que también se estudia la forma de persuadir y de alelar, así también se evitará enseñar historia del arte en las escuelas, y aprender las arduas técnicas de las diversas corrientes artísticas. Se enseñará a los talentosos en el arte a ser talentosos en las ventas. El fin ya no es el arte, sino el dinero.

Y para esto también tiene palabra Aristóteles:

> *El agenciar dinero no es el objeto del valor, que solo debe darnos una varonil seguridad; tampoco es el objeto del arte militar ni de la medicina, que deben darnos, aquel la victoria, esta la salud; y sin embargo, todas estas profesiones se ven convertidas en un negocio de dinero, como si fuera este su fin propio, y como si todo debiese tender a él.*[61]

El devenir social y el funcionamiento del mundo, la razón encadenada al beneficio a través de cualquier medio está haciendo del hombre un mosquito, pues esta especie está ordenada por ley natural a dirigirse hacia la luz del

---

[61]   *Política*, libro I, capítulo III.

fuego, sin detenerse. El ser humano se dirige al dinero de manera aterradora, evadiendo tanto interés práctico como emancipatorio del conocimiento, dejando atrás los valores morales y alimentando el más osado egoísmo que ya no entiende de leyes ni de respeto ni de humanidad. Se ha establecido un maniqueísmo entre productores y consumidores, algo que aleja a la especie de sus maravillas, de su evolución en conjunto. Las novedades que mejoran la vida de los seres humanos no son para todos, sino para una pequeña parte que puede acceder a ellos. No se obra para la familia vecina con la que se convive en armonía, ni para los empleados de una fábrica, ni para los jóvenes estudiantes de los colegios, ni para los más pudientes, sino que se obra para conseguir un beneficio acosta de cebar a la masa social de inseguridades, de prejuicios, de sesgos cognitivos, de enfrentamientos entre sí. De esto debe darse cuenta uno: *el hombre no ha sido creado como consumidor o como productor, sino como hombre*[62].

Todas las artes y, en suma, las ciencias humanas se ven opacadas por un contexto social que conduce a los hombres por un sendero de vicios donde reina la irracionalidad. Mismo papel que la fama, donde el autor no aprecia tanto el contenido de su obra, las consecuencias para con el mundo, la ayuda humana que puede ocasionarles a sus hermanos como el prestigio de ser honrado por su nicho de mercado, por la tipología de lectores de una novela que habla sobre

---

[62]   Adorno sobre Karl Kraus: *Hacia un nuevo manifiesto*, «Posibilidad histórica. Trabajo, tiempo libre y libertad», de Max Horkheimer y Theodor Adorno.

problemas emocionales que todo el mundo tiene, o de un cuadro para los amantes del surrealismo, o de una canción con una base atrayente para los amantes de la marcha y de la fiesta nocturna.

Sirvámonos de las verbas de Miguel de Unamuno:

Preguntad a cualquier artista sincero qué prefiere: que se hunda su obra y sobreviva su memoria, o que, hundida esta, persista aquella, y veréis, si es de veras sincero, lo que os dice.[63]

Como se ha dicho al principio del capítulo, el ser humano descubre la técnica como un *modo de desocultar.* Ligada esta idea a la antropología, el individuo va poco a poco conociendo todo lo que lo rodea, empleando la razón con la que emprende el dominio de la técnica. Averigua que con dos piedras puede hacer chispa, y si le arrima una hoja o un trozo de madera, tendrá una hoguera, abriendo así un horizonte de posibilidades y nuevos actos que en los tiempos previos a ese descubrimiento no podía contemplar. Así con la rueda, los senderos, los puentes, el barco, el dominio sobre los animales, los sistemas de regadío y una larguísima lista de ejemplos. Es por ello que el hombre ha tratado de dominar la técnica, ya no como fin en sí, sino como medio. *El querer dominarla se hace más urgente, cuanto más amenaza la técnica con escapar al control del hombre*[64]. Es por ello por lo que el hombre, en tanto que sujeto, impone

---

[63] *Del sentimiento trágico de la vida*, «El hambre de inmortalidad», de Miguel de Unamuno.
[64] *La pregunta por la técnica*, de Martin Heidegger.

su dominio sobre la naturaleza, en tanto que objeto. Así se fragua la ecuación idealista sujeto-objeto. El hombre toma como suya la naturaleza que domina, ya que al conocer su funcionamiento puede servirse de ella para extraer sus beneficios. Así, la técnica le sirve al hombre para cazar y pescar animales, extraer el agua de los ríos y de la lluvia o cultivar toda la tierra.

Ahora que hemos introducido la técnica, veremos una de las más grandes contradicciones de nuestro mundo. Dicen Max Horkheimer y Theodor Adorno que la Ilustración ha promovido el libre desarrollo de la técnica por los seres humanos, esto es, incitar al hombre a ejercer su dominio sobre la naturaleza. Según comentan los autores, la naturaleza externa se revela como proceso de sometimiento de la propia naturaleza interna, volviendo, nuevamente, a un proceso de servidumbre que antagoniza ambas fuerzas[65]. En otras palabras, el hombre pretende meterse en el bolsillo la ley natural, creyendo así atisbar una mayor libertad, esclavizando de algún modo al mundo, es decir, la naturaleza externa, presentándose a ella como total soberano. Pero se olvida de que posee una naturaleza interna, dotada de impulsos y vicios propios de su esencia, de grandes imperfecciones de las cuales no se cansa de lamentar, por lo cual este seguirá siendo esclavo, a pesar de creerse dominante en el mundo. El problema es que no solo ha conseguido dominar la naturaleza externa, sino

[65] *Dialéctica de la Ilustración*, de Max Horkheimer y Theodor Adorno.

que también con esta ha conseguido dominar a otros seres humanos. Por esto, la ecuación del mundo no solo es la de sujeto-objeto, sino también sujeto-sujeto, donde la especie se divide en dominantes y esclavos.

Sin embargo, ¿cómo se relaciona esto con el dominio de las leyes del mercado, las cuales también pueden descubrirse y someterse a un individuo, así como causar dominio sobre otros? La respuesta está en el modo según el cual el hombre emplea la técnica: cuando los hombres observaban el altísimo caudal del río y sufrían las catástrofes climáticas, construían diques y canales de riego; más tarde edificaron grandes presas con el fin de imponerse a las problemáticas que presentaba la naturaleza. No obstante, a día de hoy el hombre observa la naturaleza interior de los individuos que constituyen la sociedad, los cuales son llevados a los instintos primarios que incitan al abuso en diversas tentaciones, como el alcohol en exceso, el sexo de pago, la droga, la violencia, el juego y tantos más me deje. ¿Qué diques o presas se construyen para alejar a los hombres de la vida de servidumbre entregada a los vicios? Lo cierto es que dominan la técnica de los negocios para, primero, disponer de la propiedad y la mercancía que daña a los individuos, y segundo, convertir en doblegados a cuantos más puedan caer en las garras de la mente enferma, del consumo irracional. Por ello, nuestros autores hablan de la *colonización* de la razón: los emprendedores echan el ancla sobre nuestra razón, averiguan cómo funcionamos, las cosas que nos gustan y las que no, nuestras necesidades, y si no existen vías por las cuales arrojarnos al consumo, tratarán de idear nuevas necesidades que nos involucren de alguna manera como futuros compradores.

Así también la constitución de la sociedad y de sus múltiples clanes juega un papel crucial en la toma de decisiones de los *aún no sometidos*. Ya no solo conviven en la civilización seres humanos diferentes, cosa natural, sino que entre estos se da ya un cierto enfrentamiento que desemboca en la marginación: así los conservadores se separan de los progresistas, los derechistas de los izquierdistas, los apasionados del anime de los apasionados del cine occidental, los de ciencias de los de letras, y así.

Por ello, el ser humano ha ido escalando la montaña del dominio de la técnica hasta llegar a la que no tengo muy claro si será la cima. Lo cierto es que desde allí domina a los demás hombres que también anhelan libertad. Los libertarios pretenden abolir todo tipo de coacción a los que con las más grandes facilidades han llegado a la cima, defendiendo y aprobando todo el dominio sobre las gentes que desde allí puedan practicar. No hallo fuera de su ideología un mejor ejemplo de *liberticida*.

Así pues, es ridículo hablar de una libertad individual cuando, *reducidos a material estadístico, los consumidores son distribuidos sobre el mapa geográfico de las oficinas de investigación de mercado, que ya no se diferencian prácticamente de las de propaganda, en grupos según ingresos, en campos rojos, verdes y azules*[66].

---

[66]   *Dialéctica de la Ilustración*, «La industria cultural», de Max Horkheimer y Theodor Adorno.

En definitiva, decimos que mueren las artes, decimos que muere el pensamiento, lo diferente, lo auténtico, mueren las humanidades, muere *la cosa en sí*, pues la canción de un cantante ya no es la canción de un cantante, sino una fórmula artificial y simple que se unta en la masa social y cuyo fin no es otro que la rentabilidad económica. La enseñanza ya no es el saber por el saber, herramienta que sirve para el progreso humano, sino que ahora está pervertida por gentes sin estudios que piden grandes cantidades de dinero por cursos de emprendimiento cuyo contenido presenta un alto porcentaje de motivación barata. El poeta deja ahora de usar el lenguaje como arma para las atrayentes descripciones de los sentimientos, de las estaciones, de los bosques, o para denunciar las injusticias que aquejan a los humildes, sino que el poeta es hoy un ebrio sujeto que escribe a su pareja un mensaje a las tantas de la mañana, para en su sobriedad copiar y pegar en una imagen en blanco y venderlo a gentes que se sientan identificadas con un mensaje totalmente general y vacío.

Buena descripción es la siguiente:

Cuando se está escribiendo una novela, se piensa ya en sus posibilidades de ser llevada al cine, se compone una sinfonía o se escribe un poema con la mirada puesta en su valor publicitario. En otro tiempo, el arte, la literatura y la filosofía aspiraban a expresar el significado de las cosas y de la vida, a ser la voz de cuanto está muerto, a prestar a la naturaleza un órgano para comunicar sus padecimientos o, como cabría decir, llamar a la realidad por su verdadero nombre.[67]

Misma historia con los informativos y las redes sociales: el fin no es informar, sino la fama, la audiencia y acumular riqueza, por lo que se opta por titulares jocosos, satíricos, seductores de mentes intrigadas y conformistas. También en los vídeos de comunicadores en plataformas de internet populares, donde toman miniaturas atrevidamente ordinarias, editadas y falsas para atraer a más gente. Se hacen vídeos ridículamente cortos y de contenido demasiado pobre, opinando de temas muy complejos como la política y la ética, donde se limitan a insultar a los ideológicamente contarios sin presentar argumentos sólidos. Se premia, a la postre, al mejor insultador, no al más docto y al que cuestiona absolutamente toda la proposición a debate. La oratoria sirve a los demagogos para soltar un mensaje breve y de sencilla comprensión para *convertir* a los oyentes neutros, causándoles el odio hacia un enemigo común sin siquiera haber oído ni reflexionado los argumentos de este último. Los individuos acostumbran demasiado a sustituir densos tomos de pensamiento por un vídeo de escasos tres minutos, al cual le añaden más velocidad de reproducción, quedándose, al final, en la mitad. Después acuden al mundo convencidos de una opinión indigente y escuálida. Y no solo así, pues al haberle inyectado el odio hacia todo aquel

---

[67] *Crítica de la razón instrumental*, «La rebelión de la naturaleza», de Max Horkheimer.

que piense algo distinto, no tendrá la paciencia de escucharle, reflexionar y contrargumentar, sino que ejercerá algún tipo de violencia sobre él. De esta manera se ha fraguado el maniqueísmo en las sociedades, donde todo el mundo tiene opinión, donde compran el paquete completo de un partido político, aceptando ciegamente todos y cada uno de los puntos, aunque desconozca en profundidad la mayoría de ellos. Blanco o negro. Sin grises. Así lo está demandando la estructura.

También se pierde la esencia de la política, aunque sería absurdo decir que esto es nuevo, pues la perversión en la política es tan antigua como la política en sí. Lo cierto es que la política trata de responder a la pregunta *¿cómo vivir juntos?*, por lo que el fin del político es el funcionamiento de un sistema que garantice la buena vida en sociedad. La propia naturaleza humana es la que imposibilita la honradez del político, pues el insaciable egoísmo de los poderosos es antagónico con respecto a los bienes del poder en sí. El capitalismo también tiene mucho que ver aquí, pues, aunque la corrupción haya existido siempre, los valores de las sociedades salvajemente capitalistas la incentivan. El político no entra en política para servir a su pueblo y velar por la salud de los ciudadanos, sino para enriquecerse en la sombra, marcharse tras no haber mejorado en absoluto la situación, si con suerte no la ha empeorado, y vivir una vida de lujos y consumismo sin ningún remordimiento. En esto sí llevan razón los anarcocapitalistas. De todos modos, la política tendrá mucho más protagonismo en el siguiente epígrafe. Lo cierto es que también debe considerarse, no solo su perversión y la pérdida de su esencia, sino las causas de esta pérdida; un sistema que garantiza la buena vida a los ricos independientemente de los medios que empleen para su constitución como tales.

En el deporte se ve de la misma manera: se ha visto recientemente el propósito de algunas empresas estadounidenses de organizar competiciones deportivas de élite donde se permitan todo tipo de sustancias químicas que aumenten considerablemente el potencial del atleta. Desde el pensamiento neoliberal esto sí parece suponer un avance de la libertad, ya que los atletas de alto rendimiento suelen estar concienciados acerca de las consecuencias del uso de estimulantes, sobre todo las consecuencias tan dañinas para la salud. Lo cierto es que su voluntad se sigue inclinando hacia el uso de anabolizantes como medio para alcanzar grandísimas marcas en la competición, por lo que no parece una locura ni ninguna *oda* al libertinaje la organización de tales eventos. El problema es la consecuencia ideológica que causa el deporte corrompido por aquellos que consumen. Con el deporte sucede lo mismo que con los negocios y el mundo empresarial: muchos atletas ocultan a sus admiradores la clave de sus marcas, esto es, el consumo de anabolizantes, por ejemplo. A su vez, se muestran activos en redes sociales y comparten su entrenamiento y nutrición, pensado también por especialistas que tienen en cuenta la condición del atleta. El resultado es el de un espectador al que se le encubre una información muy importante, el cual puede inclinar su voluntad a querer el mismo fin que su ídolo, creyendo que será capaz de hacerlo y tratando de imitar los medios que muestra este último. Así es como muchos adolescentes que rozan la adultez entrenan sin ningún tipo de conocimiento previo, causándose serias lesiones o problemas de salud. También en la nutrición: muchos jóvenes pasean con el famoso táper de pollo y arroz, ya que las mayores eminencias del culturismo publican en sus redes ese tipo de dieta. Así se abren paso la malnutrición y los problemas derivados de ella. También es bueno contemplar la neurosis causada por la frustración de no conseguir los objetivos, considerar que por mucho que se esfuerce uno, los resultados no vienen. Sin duda, el esfuerzo y la disciplina son cruciales en cualquier aspecto de la vida, cualquier propósito, pero muchos físicos estéticos envidiables y muchas marcas personales no se dan sino gracias al consumo de química. Así igual en los negocios: uno puede innovar, empezar desde cero, dedicar años de su vida al ahorro y acabar siendo el dueño de una multinacional que facture millones de euros mensuales, pero la gran mayoría se quedan en el camino, y no precisamente por falta de esfuerzo y disciplina, sino por mala fortuna o impedimentos de la competencia. ¿Se imaginan a un atleta de élite decir en una entrevista que sin la química nada hubiera sido posible? ¿Se imaginan a un multimillonario afirmar que tan solo tuvo que esperar al fallecimiento de sus padres para heredar una fortuna con la que aventurarse a emprender tantas veces se lo permita la cantidad poseída, o bien heredar directamente la empresa? En absoluto.

Presumirán de su sacrificio de día y noche sin dormir ni descansar, de todo el tiempo sacrificado, de perder relaciones personales y tantas más perogrulladas pueda uno tragarse.

Es cierto que, por lo menos, ante esta propuesta americana, será más fácil hacer ver a la gente las causas que permiten los impresionantes resultados de los atletas. No quisiera entrar a debate sobre cómo debería interpretarse este dualismo entre deporte natural y deporte no natural, ya que el subjetivismo reside en cada uno. Es cierto que impresiona mucho más al espectador ver cómo un atleta arrastra un camión, voltea un neumático o carga sobre sus hombros enormes objetos pesados. Impresiona más un físico con un porcentaje de grasa bajísimo y una cantidad de masa muscular desproporcionada. Impresiona ver a nadadores y corredores profesionales que recorren una distancia en un tiempo increíble. Pero tal vez un mayor mérito pueda residir en aquel deportista que vela por su salud y se esfuerza para exprimir al máximo todo su potencial de forma natural, sin ningún tipo de *ayuda mágica*. Aquí interviene una distinta definición de deporte que no conviene analizar. Lo que queda claro es cómo el deporte ha podido pervertirse y degradarse lanzando mensajes utópicos y fomentando la autoexplotación, prometiendo una victoria que jamás puede llegar sin el consumo de sustancias dopantes.

Muere el turismo al quedar sometido a las grandes agencias de viajes, donde el turista tan solo se limita a poner el dinero y los ojos que le muestran las atracciones turísticas más conocidas del destino a visitar. El turista se fotografía junto a grandes monumentos arquitectónicos sin importarle en absoluto la importancia de los mismos. Su único fin es asegurarse de que sus conocidos se enteren de que ha viajado a un lugar precioso. Seguramente muchos preferirían antes la foto impresa que la experiencia en vivo. La historia, el arte, las atractivas profundidades de la riqueza cultural de los países se ignora. Nada hay más importante que conocer lo poco que se pueda la forma de pensar de los nativos de un país, su humor, su hospitalidad, sus diferencias. El turista no es más que la mascota de las agencias que se pasea por las grandes ciudades, deposita su dinero en los locales ya pensados para ello y aterriza de nuevo en su tierra, sabiendo prácticamente lo mismo que antes acerca del país que ha visitado. También en relación con el afán de fama en las redes sociales del que hemos hablado, los creadores de contenido se muestran en excursiones en las que la mayor parte del tiempo es dedicado a una cámara.

Tampoco se escapa el amor de su cosificación, ya que resulta imposible en las sociedades entregadas al consumo y a la adquisición de bienes materiales humanizar el amor, no cosificar al sujeto *amado*. En las sociedades antiguas se distinguía entre el sexo y el amor. La infidelidad era penada por la exacerbación del otro. Aunque la mujer, sujeta por siglos a la dependencia del marido, debiese sucumbir y obligarse a perdonar ante la total dependencia de él, en su entendimiento ya desvanecía la idea de amor por su marido. Lo cierto es que hoy cuesta distinguir entre amor y sexo. Del mismo modo que se proyecta un buen vivir en el dinero, se proyecta también en el amor, algo que con facilidad se desconoce y se confunde con la atracción física y la necesidad del sexo, así como la estabilidad económica plasmada en los bienes materiales del otro. Con esto Byung-Chul Han, quien dice que *el amor se amolda al proceso capitalista y se atrofia en la sexualidad como necesidad. El otro se degrada a objeto sexual, con el que el sujeto narcisista satisface sus necesidades*[68].

La psicología, a la que también le hacemos mención, no educa al paciente en tanto que conocedor de las causas de su malestar, sino que las alivia con formas que calmen el fuerte hastío del mundo externo en su conjunto. Se dirá: *ese es el objetivo del psicólogo, ya que este ni es un educador, ni está en su mano poner fin a las circunstancias inamovibles de sus pacientes*. Esto sería quitar mucha responsabilidad a los psicólogos, los cuales no trabajan con la verdad del mundo, sino con técnicas que apacigüen el dolor ajeno, por tanto, se arguye que el psicólogo emplea la razón instrumental. Esto se demuestra con un hecho innegable: al psicólogo que quiera acumular capital le compensa que los seres humanos sufran, y si pudiera, apretaría un botón que hiciese que todos los habitantes de su ciudad enfermasen mentalmente, lo dejasen con su pareja o no aguantasen a su jefe para estar cuanto antes en la consulta. Ni mucho menos se malinterprete, de nuevo, la generalidad que concluya que todos los psicólogos son así, algo que no creo en absoluto y que el psicólogo cumple una función desgraciadamente necesaria en el mundo. Pero no impide que, como individuo también sucumbido al funcionar de

---

[68]   *Capitalismo y pulsión de muerte*, de Byung-Chul Han.

la masa social, quiera algún psicólogo hacer todo el dinero posible, pudiendo demandar al paciente que venga a tantas sesiones como crea oportunas. Su fin ya no sería su esencia misma, esto es, devolver estabilidad emocional al paciente y desarrollar todas sus virtudes, sino acumular riqueza. Otro ejemplo de cómo el mundo arranca las esencias existentes y las guía hacia la montaña de dinero.

También evoluciona la propia acción humana. Cuanto más avanzan la ciencia y la tecnología, menos le cabe esperar al consumidor esperar ejercer otra libertad en la transacción que la de manifestar su necesidad, recibir transacciones y pagar la cuenta.[69]

Se objetará antes esto: *Espera usted que volvamos todos a la edad de piedra, o al nomadismo, o compliquemos nuestra vida de tal manera que perdamos tiempo y comodidades en algo que muy sencillamente podremos adquirir en esta utopía de consumo fácil.* En absoluto, lo cierto es que la admisión de toda comodidad como elemento cotidiano en nuestras vidas puede suponer una involución en nuestras capacidades. Lo cierto es que nuestros cambios sociales favorecen la minimización del esfuerzo físico, fraguándose una tendencia a evitar todo movimiento humano y orientando cada vez más al sedentarismo. La nueva tecnología consigue que el individuo sustituya el tiempo y el esfuerzo de limpiar el suelo por una máquina que lo haga por él, así como los largos desplazamientos a pie por un vehículo en el que

---

[69] *Sociedad, razón y libertad*, «Amenazas de la libertad», de Max Horkheimer.

transportarse, también, como dijimos, brevísimos resúmenes sobre contenidos complejos de una materia. Esto supone mejoras en la vida de los seres humanos, naturalmente, pero su plena sustitución hace innecesario el desarrollo de importantes destrezas. El oficinista que pasa la mayor parte del día sentado, acude a su puesto de trabajo en un vehículo privado, hace todo tipo de compras a través de internet, come siempre comida recalentada o que para socializar o buscar pareja se limita a chatear con gente a través de la pantalla no acostumbrará nunca a sus articulaciones al ejercicio, a los largos desplazamientos, ni tendrá nunca que aprender a cocinar ni desarrollar cierta maña en esa faceta y tampoco se verá en la virtud de dominar la oratoria en público, tener un don de gentes y disfrutar de las más naturales conversaciones con sus amistades. Así, el ser humano muere lentamente, cuando pudiendo desarrollar y aprender tantas cosas que le permita su razón, se limita a una vida incrustada a una pantalla como un enfermo dependiente de una máquina de respiración para subsistir. El alumno que aspira a adquirir conocimiento y a desarrollar sus capacidades cognitivas muy fácilmente acostumbra a hacer tareas con ChatGPT, a tratar de comprender grandes corrientes de pensamiento en escasos minutos. Así nunca se enfrentará a un texto original de un autor propio de la modalidad que estudia; jamás entenderá las obras de Spinoza, ni de Kant, ni de Freud, desaprovechando un gran potencial. No aprenderá nada sobre los oficios más primarios del hombre como todo lo asociado al campo, a la agricultura, a la botánica. En definitiva, el desarrollo de las nuevas tecnologías y su despliegue sobre el libertinaje imprudente de los individuos hará que estos nunca se vean en la necesidad de desarrollar capacidades útiles en todos los campos de sus vidas. El ser humano pasa de ser humano a ser consumidor, del vivir al consumir. En el mismo párrafo dice Max: *Incluso el llamado tiempo libre, con el que se confiere en la mayor parte de las veces la libertad, suele ser organizado por expertos*[70].

Nietzsche les dijo a los hombres que abandonasen las conductas morales impuestas, que reflexionasen sobre la moral occidental a través del método genealógico, que se apartaran de aquello que tras un poderoso proceso de reflexión, contradicción y refutación considerasen inservible. Pobre de él si viese cómo los poderosos emplean su razón para multiplicar por mil las conductas morales que Nietzsche criticó, así como a los carentes de poder caer de lleno en la moral de esclavos. Nadie busca ser mejor persona, sino cebar sus impulsos. Nuevamente, es la moral la que hace al hombre, y no el hombre el que hace la moral.

★★★★★

A modo de conclusión, se recopila la denuncia del abuso de la técnica que los humanos ejercen sobre los mismos, dominándolos y manipulando sus acciones. La perversión de *la cosa en sí* se da cuando al ser humano se le incita a ignorar todo su potencial en virtud de atisbar un

---

[70] *Ibidem.*

fin impuesto, como lo es la gran acumulación de riqueza. La masa resulta como un enorme banco de pirañas colocadas en un estanque que se alzan desesperadas al cebo que, de vez en cuando, se les arroja. Así es el consumo. No interesa enseñar a las pirañas a rechazar el dañino pienso y a descubrir los manjares que se hallan a su alrededor, a conseguir por ellas mismas el alimento y que caigan en la cuenta de que el cebo con el que se estaban alimentando era de lo más dañino.

La libertad también se entrega a la perversión al confundirse con la libertad negativa, con el consumo irracional; en suma, con el libertinaje, por ello afirmo con un catedrático bilbaíno que:

> *La desaparición —inevitable— del espacio dominado como consecuencia del imperio de la técnica y el advenimiento del Estado del bienestar ha dado como resultado un individuo-consumidor que, como los protagonistas de las novelas de Houellebecq, quizá no sepa qué hacer con la libertad de la que disfruta.*[71]

Y con Horkheimer:

> *(…) los hombres no pueden utilizar su poder sobre la naturaleza con vistas a una organización racional del mundo y se ven obligados a entregarse bajo la coacción de las circunstancias y de la manipulación ineluctable al egoísmo individual y nacional. Por eso*

---

[71] *Libertad. Una historia de la idea*, de Josu de Miguel Bárcenas.

degenera el aparato de distracción y formación, incluidas las ciencias del espíritu, convirtiéndose en una industria vacía, por eso todos caminan en un mismo sentido; el todo ha perdido el rumbo, en su infatigable movimiento, en lugar de estar al servicio de las personas, se está al suyo propio.[72]

Para terminar con Mises, permítaseme comparar una cita suya con el problema de la libertad:

Si yo dijera que la gasolina es un líquido muy útil, para muchos propósitos, pero que nunca bebería gasolina, porque creo que no sería este un uso correcto de la misma, ello no significa que yo sea enemigo de la gasolina, o que odie la gasolina. Digo solamente que la gasolina es muy útil para ciertos propósitos, pero inadecuada para otros.[73]

Esto es exactamente lo que acaece con la libertad. La libertad se convierte en libertinaje. El ser humano, en su arrogante ignorancia y hedonismo, se cree con los poderes de un dios al pensarse libre. Tendrá que ser la filosofía con su bate de astillas la que lo golpee con el funcionamiento del mundo, la que consiga que se sienta esclavo. No por ello diremos que la filosofía es enemiga de la libertad, o que odie la misma, sino todo lo contrario, pues el hombre que ayer se acostó *libre* y hoy se levanta *esclavo* tras ser conocedor de su apegada *esclavitud,* en realidad, ya es más libre que ayer, porque poseerá mayor conocimiento en sus

---

[72] *Sociedad, razón y libertad*, «Sobre el concepto de ser humano», de Max Horkheimer.
[73] *Política económica* [Seis lecciones sobre el capitalismo], «Intervencionismo».

actos y los fines que persigue; una posibilidad que ya no se daba en su pretérito. Por esto no decimos que la libertad es mala, ni estamos en contra de ella, sino de aquellos que afirman su existencia en tanto que condición intrínseca del ser humano, porque sin saberlo están haciendo la más radical apología del libertinaje. Como la Iglesia prometió y promete el *más allá*, los libertarios prometen una libertad aún más idílica, creyendo que los seres humanos serán más libres apretando el botón de la destrucción del Estado, prometiendo una prosperidad económica que, sin duda, se dará, pero solo en los grandes empresarios, que no verán trabas para poner cualesquiera condiciones a sus empleados.

CARRERA HACIA LA INMORALIDAD

Nacimos aquí, donde las masas idolatran a los idiotas
y los convierten en héroes ricos.

CHARLES BUKOWSKI

Abarcada ya la cuestión por la técnica y de cómo el individuo consigue dominarla y el colectivo dejarse trastocar por ella, abarcaremos ahora las consecuencias de la técnica aplicada al mundo de los negocios actuales. Para ello pasaremos a tratar una obra de otro de los titanes de la Escuela Austriaca. Es Friedrich A. Hayek quien, en una de sus conferencias recopiladas en *Democracia, justicia y socialismo*, se sirve de una rama tan nutrida como la Antropología, y que tanto aporta al debate sobre la libertad humana.

En su segunda conferencia Hayek rompe fuertemente el hielo negando la existencia de la conocida como *justicia social*, a la cual confiesa haber dedicado la proximidad a la década a su estudio.

Haciendo un minúsculo esbozo de la tipología de sociedades preestatales, disculpado por el autor, culpando a la imposibilidad de extenderse, Hayek asegura que esa *justicia social* viene heredada de estas antiquísimas sociedades donde reinaba el igualitarismo. Este último, cuenta Hayek, venía intrínseco en la ética de estas sociedades.

Fueron las exigencias de este primitivo tipo de orden social las que determinaron muchos de los sentimientos morales que aún hoy nos gobiernan y que, especialmente en el aspecto social, no dudamos en refrenar a nivel colectivo.[74]

Más tarde manifiesta Hayek la pena que sufría el individualismo, anulado este por la primacía del colectivo. Así lo dice:

(…) el individuo apenas podía desarrollar cualquier iniciativa que no gozase de la aprobación de la colectividad. Es ingenuo pensar que, en tal tipo de orden social, el ser humano fuera personalmente libre; esa libertad natural es solo una construcción imaginaria de nuestro mundo civilizado. El ser primitivo carecía de un ámbito autónomo de comportamiento, e incluso el propio jefe solo podía esperar sumisión, apoyo y comprensión en la medida en que limitase sus iniciativas a lo habitual y conocido. Cuando se obliga a la gente a someterse a un orden jerarquizado, queda necesariamente excluida toda experimentación personal.[75]

Gustaría que latiese el corazón de Hayek para sentarnos en un banco en medio de cualquier ciudad inundada por la penuria occidental y preguntarle: *¿Acaso cree realmente, señor Hayek, que son muchos los individuos que pueden desarrollar iniciativas que no gocen de la aprobación del colectivo? ¿Acaso no*

---

[74] *Democracia, justicia y socialismo*, «El avatismo de la justicia social».
[75] *Ibidem.*

se ha dicho ya que el hombre contemporáneo actúa más de modo preconvencional que posconvencional?

Para seguir desarrollando esta objeción veo necesario atender al concepto que Hayek toma prestado de la cultura griega clásica. Hayek define la *cataláctica* como la ciencia que explica el funcionamiento del mercado. No es en estas conferencias donde el austriaco emplea el término por vez primera, pues ya aparece en *Principios de un orden social liberal*. La cuestión es que Hayek, y de aquí se debe, en parte, mi gran admiración a su pensamiento, orientado siempre a la búsqueda de la verdad, cuenta que:

> *El funcionamiento del mercado se ajusta plenamente a la definición de juego que da el diccionario de Oxford: «una actividad competitiva sometida a reglas en la que el resultado depende de la mayor habilidad, fuerza o suerte». En el caso de la actividad económica en el ámbito mercantil, también el resultado depende tanto de la suerte como de la destreza.[76]*

Es en pocos autores defensores del libre mercado donde puede verse asumido el factor suerte como condicionante del éxito del empresario, por lo menos tan resaltado como aquí lo expone el austriaco.

No obstante, Hayek presenta inmediatamente después de esta verdad una afirmación un tanto atrevida o, al menos, inadecuada en tanto que comparación con el funcionamiento del libre mercado en Occidente:

---

[76] *Ibidem.*

Este juego lo iniciaron quienes en algún momento decidieron abandonar el cobijo de la disciplina tribal para intentar lucrarse facilitando por su parte a algún individuo desconocido la satisfacción de sus necesidades.[77]

Punto y aparte, se presta el ejemplo de los primeros traficantes neolíticos que trocaban sus hachas a cambio de vino. Dice Hayek:

(...) precisamente porque se esforzaron en descubrir a aquellos que en mayor medida apetecían sus mercancías, pudieron atender a las necesidades de gentes desconocidas, quienes sin duda se beneficiaron con este incipiente comercio mucho más que sus compañeros de tribu.[78]

Y, como en el final de una película de Disney, adorna astutamente un ilusorio efecto del capitalismo, bastante alejado de lo que hoy en día acaece en las economías particulares:

La práctica del juego del mercado dio lugar al mayor desarrollo y prosperidad de aquellas comunidades que lo practicaron, al incrementar las oportunidades de todos para alcanzar sus objetivos personales.[79]

A esto se debe el corazón de este episodio y todo su latir. Occidente se ha bautizado del más repugnante consumismo, promovido por los grandes monopolios que

---

[77] *Ibidem.*
[78] *Ibidem.*
[79] *Ibidem.*

juegan a un juego muy distinto del que nos habla Hayek. El burgués oligarca ha pasado de satisfacer necesidades, de dedicar su tiempo y creatividad a buscar la manera de mejorar la vida a los ciudadanos, a tratar de causarles la más despiadada ceguera, motivada con los más llamativos brillos y colores que trastoquen hasta el último átomo de su sistema linfático, con el fin de manipular su mente de tal manera que crean que son de primera necesidad los cachivaches, los trastos y los lujos en los que gasta, siempre en libertinaje, su dinero.

A su favor juega todo lo existente, pues a medida que el desarrollo de la tecnología nos brinda un avance que hace de nuestro presente el acto del futurismo, todo este se orienta al sometimiento de las masas a consumir todo cuanto les sea físicamente posible: radio, televisión, música, deporte, todo se apodera de las mentes débiles, haciéndoles creer, como un teólogo medieval en Dios, que es inaceptable que en sus manos no resida el último modelo de un particular teléfono, inasequible para la mayoría de los trabajadores de cualquier país y que, al fin y al cabo, presta el mismo servicio que uno diez veces más económico. Les hacen creer que no es posible tener un coche barato cuando sus vecinos manejan autos de alta gama. Por eso no resulta hoy novedoso el testimonio de muchos agentes de seguros que cuentan cómo sus clientes dan de baja el seguro o reconocen que son incapaces de afrontar el coste tras haberse comprado un coche de muy buena calidad.

Los burgueses ya no juegan al juego de dados y fichas rosas del que hablan los economistas clásicos, sino que han pasado de satisfacer necesidades a crear caprichos, y con estos últimos la entrada en la sociedad de la neurosis, causada por la incapacidad de las más humildes pero adoctrinadas gentes de satisfacer aquellos lujos cuyo placer no escapa de la psicología, de la satisfacción de saber que el vecino sabe que posees el dicho, la necesidad de encajar en las multitudes que valoran notoriamente lo superficial.

Con todo, una de las *bendiciones* del capitalismo que, según muchos defensores de este, dirán que ha venido para mejorar la vida a la gente, ha sido el cese del aburrimiento. Bautizadas mercancías con un término que encarna la enemistad con la filosofía; *matatiempos*, tales como los juegos del móvil o las redes sociales, dadas al público suponiendo que, o bien este siempre hará un buen uso de los mismos, o bien puede que no lo haga, pero *es libre de hacer sus elecciones y asumir sus consecuencias*. Se está dando paso a la involución del hombre, multiplicándose ahora lo que ya reconoció Ortega y Gasset en su momento: el hombre-masa. Este desarrollo del capitalismo tan solo ha opacado el desarrollo intelectual del ser humano, justificándose siempre con que este tiene libertad de hacer o no hacer todo cuanto esté en su mano. He aquí la paradoja a denunciar de este libro. Se parte de una idea totalmente irracional de libertad como condición de todos los seres humanos, se justifica esta en todos sus rangos, incluyendo el libertinaje y, por último, se trata de promover la máxima manifestación de este último, aboliendo toda organización que trate de impedir su progreso.

El individuo se halla arrojado a la compraventa de todo lo sensible, del mismo modo que el hombre sin Dios se vio, envuelto en el nihilismo, arrojado a la incertidumbre de la nada, de la inexistencia del camino y de conductas morales que lo guíen y calmen su pensamiento del temor a lo desconocido. Ya no son seres humanos los que pasean por los grandes centros comerciales, las interminables calles de escaparates que lucen bienes de consumo superfluos. Como peces que se creen libres en una pecera apenas cuatro o cinco veces más grande que ellos, siendo alimentados por burgueses con un cebo de propaganda, el veneno que tan solo hace crecer su consumismo, su insatisfacción ante los bienes materiales.

El libre mercado a defender por los anarcocapitalistas implica el interminable aplauso y reconocimiento de mérito a aquellos señores que sean capaces de transformar en capital sus innovaciones, independientemente de la cantidad incesante de envenenada inmoralidad que en estas resida. Así, la especie humana no solo pierde el grandísimo valor de los *zombis consumidores*, sino también las ingeniosas mentes de su causante, puestas al servicio de la razón egoísta, del culto al dinero y de un *télos* contrario al desarrollo del más preciado bien del que puede gozar el ser humano: la razón.

De este modo, el burgués ve en el libre mercado, en el *laissez-faire*, la posibilidad de actuar del mismo modo que actúa el político demagogo con el pueblo en democracia. En este sentido, el burgués es el efecto del dinero, que actúa como motor inmóvil, en sentido aristotélico. El capital es la causa primera, la causa eficiente que origina tantos accidentes como quiera, que mueve en potencia a todos los individuos que anhelen atisbar su fin, causando los efectos que venimos denunciando. Cuantos más sesgos y desviaciones de la individualidad se viertan sobre las mentes de las masas, más necesario verán el consumo de lo innecesario, por ende, más lucro irá destinado para las cabezas de los oligopolios y, a su vez, menos competencia futura tendrán, ya que los entregados a las pasiones simples, a los vicios, al opio disfrazado de fútbol o alcohol, muy difícilmente montarán empresas, sino que se verán en perpetuo sometimiento. Con Rosario de Acuña decimos que el hombre se convierte en el ser más ignorante de la creación y arrastra una vida miserable de esclavo, que se consuela a ratos con una chupada de tabaco o una parodia de orgía, sin pararse a pensar que esto, que él cree desahogo [yo digo también libertad], es un eslabón más en la cadena de la esclavitud[80].

Apóyese este hilo argumental en lo reconocido por el economista y exministro de Mónaco, Jacques Rueff:

La intervención de una autoridad coercitiva, al modificar mediante la deseabilidad o la indeseabilidad adicionales las consecuencias efectivas de los actos susceptibles de ser realizados, lleva a la persona coaccionada a desear libremente los actos que la autoridad coercitiva elige para ella.[81]

---

[80]   Véase *Contra la ignorancia*, de Raúl Ruano Bellido.
[81]   *El orden social*, de Jacques Rueff.

Tramposo yo si no advirtiese que Rueff se refería, en este caso, al Estado, pero es evidente que, al hablar de autoridad coercitiva, puede señalarse a la peligrosa entidad liberticida que venimos denunciando: el emprendedor en libertinaje.

Es el propio Hayek el que afirma que:

Aunque el coaccionado todavía elige, las alternativas las determina el coaccionador, de manera que aquel elija lo que este quiere.[82]

Permítaseme proseguir con la comparación del burgués con el político: si bien muchos liberales se muestran reacios a la democracia —sensación causada en ellos por motivos también presentes en mentes de otras ideologías fuertemente antagónicas—, veo en ellos un cariño abrumador a las negligencias similares que presenta la teoría del valor subjetivo sobre el que está fundado el *laissez-faire*. Pues asumiendo, de una manera incuestionable y, como vimos en las palabras de Von Mises en una de sus conferencias, es el consumidor el comerciante, el soberano, el motor de las leyes mercantiles, el que demanda los productos que hacen nacer los datos y la información tan valiosa para el empresario, permitiéndole a este saber qué productos o servicios le harán ganar más dinero. No obstante, arrojados al océano del libertinaje, abandonados por la ética y la reflexión, será inevitable que los individuos —alejados de la educación y regidos por los vicios y

---

[82] *Los fundamentos de la libertad*, de Friedrich A. Hayek.

los impulsos, sumándose a esto el adoctrinamiento propagandístico sofocante de los emprendedores que remueven tierra y cielo con el fin de causar, aunque por la fuerza sea, necesidades al consumidor, díganse también estímulos que atenten contra la *psyché* del mismo— demanden todo tipo de inmoralidades, resultando el enriquecimiento, no de lo más dignos, no de los más virtuosos, no de los más bondadosos, no de los más estudiosos, sino de aquellos que tratan de desviar a los sujetos pensantes de su libertad, arrastrándolos al más abusivo libertinaje. De este modo, la lucha *tecnofeudal* ya no es entre burguesía y proletariado, sino entre adoctrinados al consumismo de bienes completamente innecesarios y adoctrinadores que dedican su energía, tiempo y razón, cosas tan preciadas, a conseguir hacer de las masas individuos neuróticos, frustrados así por la insaciabilidad de las mercancías materiales, así como de las mercancías consumidas y su posterior y natural tedio. Hacer de la necesidad un negocio y de lo innecesario necesidad.

Por esto, el mismo problema que ven los anarcocapitalistas en el Estado es totalmente similar al que se ve en el mercado. Atiéndase al razonamiento idealista de Bertrand Russell:

¡Qué agradable sería un mundo en el que no se permitiera a nadie operar en la bolsa a menos que hubiese pasado un examen de economía y poesía griega, y en el que los políticos estuviesen obligados a tener un sólido conocimiento de la historia y de la novela moderna!

(...) pero los que controlan estas organizaciones son hombres ignorantes que no conocen la centésima parte de las consecuencias de sus actos.[83]

Así, los libertarios aseguran la defensa de la libertad en los incompetentes que poseen todo el poder. Pero es la cita del propio Hayek la que sirve para criticar a los grandes oligopolios y el sistema tanto minarquista como anarcocapitalista, pretendiendo evitar conferir poder ilimitado a un grupo de representantes electos cuyas decisiones deben guiarse por las exigencias de un proceso de negociación, en el que compran a un número suficiente de votantes para que apoyen a un grupo organizado capaz de reunir más votos que el resto.[84]

No hay diferencia entre el adoctrinamiento de la casta política hacia los votantes y el adoctrinamiento de las grandes multinacionales y la masonería hacia las voluntades y la vida tanto laboral como de ocio de los individuos. La existencia de un agente coercitivo obra inmoralmente al tratar de adoctrinar a los individuos en virtud de un fin particular, sea el político que domina la oratoria y promueve unas ideas desacertadas, pero las embellece con su labia y retórica de sofista, o sea la entidad multinacional que bombardea a las sociedades con su publicidad, que esconde valiosa importación acerca de sus productos y que, gracias a su dinero y poder, no tiene de qué temer

---

[83]   *Elogio de la ociosidad*, «Sobre el cinismo de la juventud», de Bertrand Russell.
[84]   *Los fundamentos de la libertad*, de Friedrich A. Hayek.

a la competencia, que sin esfuerzo podrá sabotear como los políticos sabotean las propuestas ajenas con las famosas *campañas del miedo.*

Por otro lado, y en relación al título de la sección, incitará a las juventudes, aún sujetas a la ignorancia y a la falta de experiencia, por ende, a la ausencia de la subjetiva fundamentación de la propia ética, esto es, el cuestionamiento del contenido de sus actos en potencia, a abandonar los valores donde en ellos no se halle la ganancia de dinero. Así, más mercados se presentarán a la sociedad como buenamente acogidos, pasando a formar parte de ella sin ningún remordimiento, pues se han hallado reprimidos por la ética durante todas las etapas de la historia en las que esta rama no presentaba una anarquía. Es en virtud del nihilismo donde las gentes buscan como fin el dinero y como medio cualquier forma que a él los lleve. Y es alejados de la verdad, en el malaventurado libertinaje, donde no se encontrarán ninguna piedra en el camino, ninguna traba, ningún escrúpulo por el cual deberán fundamentar para sí los principios que hacen de ellos personas, alejándose del vacío individualismo que apremian los libertarios.

Aplicaciones en las que jóvenes son capaces de almacenar enormes cantidades de dinero a cambio de abusar de su ocio fáctico mientras juegan videojuegos, creando un contenido demandado de nuevo por sujetos mayormente jóvenes, muchos preadolescentes, a los que tan solo los libertarios pueden atribuirle la condición de libertad, cometiendo, de este modo, un atentado contra la razón.

Así como hombres y mujeres jóvenes venden sus cuerpos desnudos a través de aplicaciones para ello destinadas, aprovechándose, no solo de un físico normativo generalmente adscrito, sino de la inmoralidad, de los vicios, de la dejadez y, en suma y nuevamente, del libertinaje de aquellos que sean capaces de pagar por ese intercambio. También la paternidad es un medio que consigue monetizar. Padres y madres graban a su hijo en situaciones previstas, utilizándolo como herramienta para sacar rendimiento económico, lógicamente sin el consentimiento del sujeto a *utilizar* debido a su imposibilidad de reflexionar e imponerse al acto de sus padres. No puede decirse que publicar fotos familiares es un acto malo en sí, pero sí es denigrante cuando la única motivación es el dinero.

Yéndome a lo más preocupante y, dejando claro, ya no el estancamiento de la ética y de la razón del ser humano, sino de su total involución, nos hallamos con el deleznable *turismo de guerra*, en el cual empresas turísticas organizan un apartado del viaje a aquellos sujetos aberrantemente inferiores moralmente que demanden contemplar los bombardeos en vivo, visitar los hogares demolidos y los pueblos devastados e incluso la mutilación de otros seres humanos, entre ellos, inocentes que, también por cuestiones adscritas y ajenas a su voluntad como es nacer y desarrollar *en libertad* una vida humilde en un país afectado por los individuos en libertinaje que, tristemente, poseen un poder mediante el cual someten a su población a la guerra, son mutilados entre gritos en vivo. En Israel se lleva viendo esto desde 2014: individuos pagan dinero a cambio de presenciar en una silla en lo alto de una montaña los bombardeos contra los palestinos[85]. Tendrá el mundo que rendir pleitesía a los grandes emprendedores tocados por los dioses, más trabajadores que un albañil, más innovadores que un presocrático en Mileto, por satisfacer tal necesidad, obedeciendo a la providencia del mercado y sus leyes indescifrables solo a los más doctos y eruditos hombres. Tendremos que aplaudir la genialidad de los que ofrecen estos servicios. Lo cierto es que esto entra en el marco de la teoría del valor subjetivo, de ese *juego* del que habla Hayek, porque humanos somos todos, pero unos demandan en virtud de la enfermedad de su razón, de su alma, en virtud de sus circunstancias, de su ocio, de su riqueza. En definitiva, unos demandan en libertad, otros demandan en libertinaje.

Con Marx se puede decir que *para el capitalismo la guerra y la paz son negocios y nada más que negocios*[86].

En este sentido, y permitida la comparación, los científicos de la modernidad competían en una carrera por la prioridad, donde dedicaban todos sus esfuerzos por entender el mundo y descubrir nuevos funcionamientos del mismo. *Peleaban* por conseguir ser los primeros en descubrir tal o cual cosa acerca de la hidrostática, de la astronomía, de la biología o de la zoología. En el *laissez-faire* serán las mentes más perversas las que compitan en una carrera hacia la inmoralidad, donde logren sacar rédito mediante los medios más inmorales.

---

[85] Véase el Cine Sderot.
[86] Frase atribuida a Karl Marx.

★★★★★

Tratemos ahora las críticas de otro pensador liberal hacia las ideas de Hayek. Fue Raymond Aron, filósofo y periodista francés, quien reconoció de Hayek lo siguiente:

> *Hayek, huelga decirlo, no niega que la vida en sociedad requiere de cierto grado de coerción. No niega que, en la vida privada o en las relaciones interindividuales, cada cual está expuesto al riesgo de ser coaccionado por sus allegados, sus amigos, las personas que conoce. Tampoco niega que, leyes o autoridades públicas al margen, las costumbres y los prejuicios colectivos pueden coaccionar al individuo. Pero considera que estos riesgos de coacción son débiles comparados con los que crea la progresiva sustitución del gobierno de la ley por el gobierno de los hombres.*[87]

Véase aquí el debate al que se somete la libertad individual cuando se enfrenta a la naturaleza de la colectividad. De esta pincelada se dirige uno a la fuerte tesis de Freud, quien mucho ha dicho ya sobre la pésima relación entre individuo y colectivo. Podría verse cómo las consecuencias de los propios actos abandonan la línea temporal y se nombran a sí mismas como causas por las cuales los actos del individuo no se llevan a cabo. Esta es la virtud de la razón que nos acompaña, donde el intelecto puede domar la libre voluntad, direccionarla hacia la abstención.

---

[87] *La definición liberal de la libertad*, de Raymond Aron.

Sin embargo, es sabido que Hayek pone la misma confianza en la ley que en el consumidor que sirve al mercado, algo que no es ignorado por Aron:

No es cierto, dice [Hayek], que en una sociedad libre los hombres gobiernen sobre los hombres: son las leyes las que gobiernan por igual sobre los gobernantes y los gobernados.

Tal vez este idealismo pueda ser bien refutado de la siguiente manera: no son ni la ley ni la sanción por el incumplimiento de esta las que impiden a ciertas figuras de la sociedad ignorarlas. El hecho de que la prisión preventiva tras una ley incumplida pueda evitarse mediante una satisfacción económica permite argüir que algunas leyes son solamente para los menos pudientes. Además, bajo el sistema capitalista donde en todo oficio se persigue más hacer el máximo dinero posible que ejercer bien el trabajo, no es extraño que jueces y abogados sean fácilmente tentados por los criminales que puedan permitirse elevados sobornos, dependiendo así de la ética y los principios de los agentes de la justicia para que esta última se imparta.

Si el rico medita la posibilidad de defraudar, estafar y robar de la forma que fuere, el disponer de capital suficiente para evadirse de las consecuencias en caso de fracasar le servirán, a él y a muchos, de incentivo para ejercer el hurto. Esto muestra nuevamente que la desigualdad económica se escapa únicamente de lo que uno puede comprar o no comprar, hacer o no hacer, sino que permite a algunos vivir de un modo más anárquico que otros, de desentenderse de la ley ignorando el imperativo moral que con su constitución se busca, digámoslo bruscamente, imponer.

Por desgracia, la historia presta muchos ejemplos en los que la desigualdad económica ha traído injustos fines a los pobres. Se ve, por ejemplo, en las guerras, donde los ricos pueden librarse de asistir a la cruzada satisfaciendo un pago al Estado. Esto sucedió en la guerra de los Treinta Años y en las guerras napoleónicas. En España, muchos soldados de familias adineradas pudieron satisfacer a la monarquía una compensación económica con el fin de no ir a la guerra del Rif. Fueron soldados españoles, obreros y padres de familia, clases bajas quienes, en coerción total por el monarca Alfonso XIII, perdieron la vida en Marruecos. Devueltos fueron sus cuerpos a la patria que defendieron con la vida bajo la deleznable afirmación del fetichista monarca cuando le pidieron la compensación por traer de vuelta los cadáveres de los caídos: *¡Qué cara está la carne de gallina!* Esto demuestra que aquellos hombres murieron por pobres.

Mismo ocurre en los antiguos reinos, donde, abrumados por la diversidad mitológica y sus derivadas creencias sobre el más allá, fuese el Estado o fuese la Iglesia la que exigía a los hombres bienes materiales si estos querían entrar, tras la muerte, en el paraíso prometido.

La venta de indulgencias promovida por la Iglesia en la Edad Media, donde prometían la eximición de la pena temporal de los pecados a cambio de desprenderse de los bienes materiales, es también otro claro ejemplo donde aquellos que no tenían nada, a pesar de la práctica religiosa y estar sujetos a las leyes teocráticas, no podían gozar de la libertad de los otros.

Por ello, la ley no gobierna igual sobre los gobernantes que sobre los gobernados ni sobre todos los constituyentes de la civilización si unos pueden usar el dinero para no dejarse gobernar por las leyes. Añádase también el motivo por el cual se infringe la ley: el millonario que pretende, de algún modo, evadir impuestos, no lo hace por necesidad, sino por una avaricia insaciable; en cambio, el pobre que aun trabajando no es capaz de dar manutención a su familia se ve en la necesidad de robar para su subsistencia y la de los suyos, por ello roba para sobrevivir. Véase un párrafo fundamental de la obra del pensador medieval Thomas Moro:

El simple hurto no es una falta tan grave que deba ser castigada con la muerte, y ningún castigo será suficientemente duro para evitar que roben los que no poseen otro recurso para vivir. En esto opináis, y gran parte del mundo os imita, como los ineptos maestros que prefieren pegar a sus alumnos en vez de enseñarles. (...) sería más humano proporcionar a cada uno los medios necesarios para vivir, sin que nadie, llevado a la necesidad, primero tuviese que robar para que luego se le ajusticiase.[88]

★★★★★

A modo de cierre, es, a la postre, el individuo el que decide quién se enriquece y quién se empobrece, pero no

---

[88]   *Utopía*, de Thomas Moro.

se olvide nunca uno que, si no se consigue que el individuo posea la suficiente libertad intelectual para direccionar su vida a favor de sí mismo, será él mismo el primero en empobrecerse, causando con esto el enriquecimiento de poderosos inmorales, en cuyas manos reside el poder. Un poder que se pregunta a sí mismo hasta dónde es capaz de ascender y de crecer, pues la ignorancia que conduce a los poderosos a plantearse esta pregunta enciende también en sus fuerzas internas el deseo, el impulso de traspasar toda frontera y ejercer todo tipo de dominio sobre los individuos, los cuales, en una ignorancia creciente, vivirán en una realidad y en un mundo no construido por la especie, sino por la clase social dominante.

Decía Gramsci que cuando *el viejo mundo se muere, el nuevo tarda en aparecer. Y en ese claroscuro surgen los monstruos.* Esto se ve reflejado en una sociedad abrumada por un nihilismo que no entiende de valores morales, lo que le permite una vía libre para el empleo de su libertad negativa a fin de sus intereses.

EL ESTADO Y LA PROPIEDAD.
HISTORIA DE UN HURTO

Este perro es mío, dicen esos pobres niños;
aquel es mi sitio al sol. He ahí el comienzo
y la imagen de la usurpación de toda la tierra.

BLAISE PASCAL

A los comunistas se nos reprocha querer suprimir
la patria, la nacionalidad. Los obreros no tienen patria.
Cómo quitarles lo que no tienen.

KARL MARX

Ha sido y es tarea difícil para el hombre añadir conocimiento a la fenomenología de todo lo existente, de nombrar y definir lo que el mundo expone a nuestros sentidos y el modo en que todo lo cognoscible nos es dado a ellos. La teleología es la esencia de la filosofía desde sus orígenes. Los presocráticos se encargaron del *arché* de la *physis*. Los pitagóricos trataron de conocer todo lo que bajo la matemática se encontraba. Sócrates y Platón fueron más allá, tratando de exponer la existencia de la idea; trataron de definir el bien, la justicia, la belleza o el eros. Les siguió Aristóteles, quien mucho descubrió sobre la magia de la teleología, ocupándose de conceptos como la sustancia, la materia, la forma, la potencia, el acto, sin desatender, por supuesto, el legado socrático-platónico. Las escuelas helenísticas persiguieron la virtud, los neoplatónicos el Uno y, más tarde, los teólogos medievales muchísimo han dicho sobre Dios. Fue Kant quien se ocupó de la fundamentación de la ética y del deber, Hegel lo hizo con el espíritu, y todos los pensadores cuantos me pueda saltar. Estaremos de acuerdo en que es más sencillo definir lo material que lo inmaterial, lo concreto que lo abstracto; es más sencillo conocer la idea de manzana que la idea de Estado, si es que se asume, que también a eterno debate se somete, la existencia de lo inmaterial. De ideas como el Alma, Dios, la Justicia, el Bien y, sin olvidarnos de la idea de Libertad sobre la que versa este ensayo, poco se puede decir sobre ellas, incluso algunos creen que más bien nada, pues o bien no existen o bien no son accesibles para nuestro entendimiento.

Pero en este capítulo abandonamos un tanto la idea de libertad para tratar un concepto también estruendo de definir, tal como lo es la propiedad.

Pregúntense ustedes la causa por la cual se dice que una cosa es de uno. Hace milenios los esclavos pertenecían a los hombres, hace no mucho la mujer pertenecía al marido, destinada a las decisiones que este tomase por ella. También los animales, cohibidos por los hombres de su libertad, a pesar de las variantes del comensalismo que parecen justificar el sometimiento de toda especie animal que sirva a los intereses del hombre que van desde el trabajo en el campo, donde el pastor cuida a las ovejas a cambio de adquirir de ellas la lana o la leche, hasta el perverso fetiche y la aborrecible diversión que les produce a los hombres la muerte violenta de los animales inocentes. Un domicilio particular, estancia en la cual se hospeda y vive felizmente un individuo o una familia entera. La tierra, larguísimas extensiones de cultivos que hoy se hospedan bajo un único nombre. Casi todo en el mundo ha conseguido privatizarse. Tal vez mañana el ser humano halle la forma de llegar con facilidad a la luna y poder edificar sobre ella. Probablemente, al instante de este hecho, el satélite de la Tierra ya se habrá privatizado, pasando a pertenecer a un propietario multimillonario.

Deseo plantear aquí la cuestión que se pregunta por la idea de propiedad y la idea de posesión. Necesario sería recorrer la historia hasta llegar al primer hombre que decidió que de tal metro a tal metro le pertenecía, tal vez tan solo por acoplarse allí y disponer de los medios naturales del lugar para su subsistencia, pero esto no lo hace propietario, sino usufructuario. El pensador anarquista Joseph Proudhon lo plantea de este modo:

> *Haced la posesión tan antigua como queráis, acumulad años y siglos, y no conseguiréis que el tiempo, que por sí mismo no crea nada, no altera nada, no modifica nada, transforme al usufructuario en propietario.*[89]

Acudiendo de nuevo a los planteamientos de los economistas neoclásicos que nos acompañan en esta segunda

---

[89]   *¿Qué es la propiedad?*, capítulo III, III, de Pierre Joseph Proudhon.

parte del ensayo, trataremos en esta sección a uno de los autores más relevantes del gremio libertario, considerado por muchos el fundador del anarcocapitalismo. Es Murray Rothbard, quien afirma que *el libertario adopta como su axioma principal el derecho universal a la propiedad de uno mismo, un derecho que todos tienen por el solo hecho de ser seres humanos*[90].

Inmediatamente Rothbard plantea el derecho a la propiedad de los objetos no humanos:

> *Una tarea más difícil es establecer una teoría de la propiedad sobre los objetos no humanos, sobre las cosas de esta tierra. Resulta comparativamente sencillo reconocer cuándo alguien agrede el derecho de propiedad del cuerpo de otro: si A ataca a B está violando el derecho de propiedad de B sobre su propio cuerpo. Pero con los objetos no humanos el problema es más complejo. Si, por ejemplo, vemos que X se apodera del reloj que está en posesión de Y, no podemos suponer automáticamente que X está cometiendo una agresión contra el derecho de propiedad de Y sobre el reloj, porque X podría ser el dueño original. (…) necesitamos una teoría de justicia sobre la propiedad.*[91]

Veremos como sí concordaremos con el economista en esta teoría sobre la propiedad de los bienes, pero sí habrá una gran discrepancia sobre la siguiente proposición del mismo autor.

[90] *Hacia una nueva libertad. El manifiesto libertario*, capítulo 2: «Propiedad e intercambio», Derechos de propiedad.
[91] *Ibidem.*

Rothbard se apoya en una de las hipótesis más fehacientes, las cuales se proponen darle un sentido, un origen, una causa eficiente a la ligazón entre un individuo concreto, nacido en determinado lugar del espacio y en un determinado momento de la historia, y ese lugar que ahora pasa a ser de su propiedad. Se sirve, de este modo, del pensamiento de John Locke, el cual también abarcaremos. Téngase en cuenta la fuerte presencia de Dios en la filosofía de Locke. Bastante en desacuerdo con el gran filósofo con quien compartió fechas, Thomas Hobbes, Locke sostiene que el hombre es un producto de la obra y del amor de Dios. Toda la creación, incluido el hombre, deriva de la voluntad divina. De este modo, toda esta creación, nos diría el pensador inglés, está sujeta a la ley natural que el propio Dios plasmó en ella.

Es en su *Segundo tratado sobre el gobierno civil* donde Locke afirma que:

> *El estado de naturaleza tiene una ley que lo gobierna, la misma que obliga a cada uno: y la razón, que es tal ley, enseña a toda la humanidad, que no debe menos que consultarla, que, siendo todos iguales e independientes, nadie debe lastimar a otro en su vida, salud, libertad o posesiones.*[92]

Esto parece ser aceptado por Rothbard, pero veamos, entonces, lo que tanto Locke como Rothbard tienen que decir sobre la cuestión de la propiedad.

---

[92] *Segundo tratado sobre el gobierno civil*, de John Locke.

Teniendo en cuenta el contexto en el que Locke escribe acerca de la propiedad, es muy sencillo empatizar con las circunstancias que fomentan la conclusión del autor. Una Inglaterra en una nefasta situación económica, con una inflación de aproximadamente un siglo, motivaron un imprudente obrar estatal: el periodo final del reinado de los Tudor, así como el posterior de los Estuardo supusieron excesivos costos que fraguaron el descontento de los miembros del Parlamento. Fue, en suma, la nobleza propietaria la clase que más perjudicada se vio debido al acantonamiento, los préstamos forzados a la Corona y el impuesto por las naves de guerra. La situación lleva a Locke a considerar inoportuno el intervencionismo estatal, pues el Estado estaba cometiendo severos abusos contra los ciudadanos. Una frase resonada en nuestros días es que sostiene que *nadie puede beneficiarse del esfuerzo y el sufrimiento ajeno sin la previa autorización del titular de tal esfuerzo*[93].

Con todo, tanto para Locke como para Rothbard, la premisa básica que justifica la adquisición del derecho a la propiedad privada es el trabajo. Cuando el hombre, puesto por Dios en la tierra, dotado de una razón mediante la cual se le permite aprehender las leyes de la naturaleza, ejerce su fuerza física sobre un terreno obteniendo de él sus beneficios se establece, de este modo, una vinculación con este y se lo hará llamar *suyo*.

---

[93] *Ibídem.*

Tomemos, como primer ejemplo, a un escultor que da forma a una obra de arte de arcilla u otro material; dejemos de lado, por el momento, la cuestión de los derechos de propiedad originarios del escultor sobre la arcilla y las herramientas. La pregunta es, entonces: ¿quién es el dueño de la obra de arte, así como surge del modelado del escultor? Es, de hecho, la «creación» del escultor, no en el sentido de que ha creado la materia, sino en el sentido de que ha transformado la materia suministrada por la naturaleza —la arcilla— en otra forma dictada por sus propias ideas y modelada por sus propias manos y energía. Por supuesto, resultaría extraño que, en el caso planteado, alguien pudiera decir que el escultor no tiene derecho de propiedad sobre su propio producto. Es obvio que, si todo hombre tiene derecho a su propio cuerpo, y si debe valerse de los objetos materiales del mundo para poder sobrevivir, entonces el escultor tiene derecho a poseer el producto que ha realizado, por medio de su energía y esfuerzo, y que es una verdadera extensión de su propia personalidad. Estampó su propia persona sobre la materia prima, «mezclando su trabajo» con la arcilla, según la frase del gran teórico de la propiedad, John Locke. Y el producto transformado por su energía se ha convertido en la corporización material de las ideas y la visión del escultor.[94]

Esto no es todo, ya que tanto Locke como Rothbard van un poco más allá al querer vincular, no solo el objeto fabricado por el hombre, en este caso y tomando el ejemplo del neoyorquino, una obra de arcilla, sino también el lugar,

---

[94] *Hacia una nueva libertad. El manifiesto libertario*, capítulo 2: «Propiedad e intercambio», Derechos de propiedad.

la tierra, las coordinadas en el mapa quieren ser atribuidas al individuo. De esta manera lo plantea nuestro autor:

> *(…) si el recolector tiene el derecho de poseer las bellotas o manzanas que junta, o el granjero tiene el derecho a poseer su cosecha de trigo o de duraznos,* ¿quién *tiene el derecho a poseer la tierra sobre la cual han crecido estas cosas?*[95]

El propio Murray expone también el hecho de que economistas como Henry George se distanciaran de Locke en este aspecto. Los seguidores de George reconocen la vinculación entre el individuo y el objeto que extrae de la naturaleza, pero nunca el trozo de tierra en el que acaece dicho acto.

Hállese aquí la total discrepancia con el neoyorquino, pues es inexplicable la vinculación directa de la tierra con el hombre; es inexplicable la propiedad en tanto que lugar perteneciente a un individuo en el cual este es total soberano, prohibiendo y coaccionando al resto de individuos a hacer uso del mismo. Cuando Rothbard afirma que la propiedad del cuerpo de uno es totalmente privada, sí podemos hablar de una vinculación directa, en mero acto, entre el individuo y su cuerpo, estableciendo así un principio según el cual ningún ajeno someta al individuo a un acto involuntario, esto es, sin el consentimiento oportuno del poseedor del cuerpo. No hablamos aquí de otra cosa

---

[95]   *Ibidem.*

que del principio de no agresión, incrustado en la definición del liberalismo.

También puede entenderse en la propiedad como domicilio particular donde habita un particular o una familia, lo cual puede acogerse al marco de la necesidad para el desarrollo vital de cualquier individuo. El derecho a la vivienda puede poner entre paréntesis este debate, ya que para la posibilidad del desarrollo de los seres humanos se convierte en necesidad, aunque en la profunda reflexión especulativa pueda negarse la atribución a un individuo concreto del lugar específico en el cual se edifica un domicilio. Lo cierto es que las proposiciones tautológicas de Rothbard respecto al derecho a las que él llama *libertades civiles* resultan aceptables y legítimas. Con nuestro autor afirmamos que:

> Dado que cada individuo debe pensar, aprender, valorar y elegir sus fines y medios para poder desarrollarse y sobrevivir, el derecho a la propiedad de uno mismo le confiere el derecho de llevar adelante estas actividades sin ser estorbado o restringido por un impedimento coercitivo.[96]

Pero esta vinculación tan directa no se encuentra en la tierra, en el espacio. Es, precisamente, mediante un acuerdo irracional el hecho por el cual se le atribuye la propiedad de la tierra a un ser humano.

---

[96] *Hacia una nueva libertad. El manifiesto libertario*, capítulo 2: «Propiedad e intercambio», El axioma de la no agresión.

El granjero —continúa Rothbard— no puede ser dueño de su cosecha de trigo, si no puede ser dueño de la tierra sobre la cual crece el trigo. Ahora que su trabajo se ha mezclado inextricablemente con la tierra, no se le puede privar de una sin privarlo del otro.[97]

Permítase la discrepancia, ya que se objeta que el granjero sí podrá, ante todo, hacer uso de la tierra y explotarla todo lo que su salud, tiempo y aptitudes se lo permitan; no obstante, ¿por qué no podrá el vecino contemplar las mismas tierras, acercarse y ponerse a trabajar estas, quedándose para sí todo lo que de ellas pueda sacar? Esto sí sería otorgarles a los hombres la misma libertad. No creo, tampoco, que la circunstancia adscrita de la temporalidad sea un factor que justifique la propiedad: ¿el hombre que nace en 1515 y halla una inmensa extensión de tierra en 1535, aparentemente abandonada y libre de la mano del hombre, la cual comienza a trabajar en la medida de lo posible, siéndole sobrante una gran parte del terreno, podrá decirle al hombre que es nacido en 1535, cuando este último se dirija en 1555 al mismo terreno con las herramientas oportunas para la faena, que nada tiene que hacer allí, pues pertenece única y exclusivamente a él mismo?

Uno rápidamente contestará: *el hombre joven podrá trabajar las tierras del veterano a cambio de un salario. Todo lo que el joven produzca le pertenecerá al anciano, quien satisfará la fuerza de trabajo con un sueldo que permita la subsistencia del otro.* He aquí cómo surge el trabajo asalariado. Ante esto y, sirviéndome

---

[97]   *Ibidem*, Derechos de propiedad.

del anterior párrafo de Murray, preguntaré: ¿no era que el escultor que da forma a una obra de arte de arcilla u otro material, que ha transformado la materia suministrada por la naturaleza —la arcilla— en otra forma dictada por sus propias ideas y modelada por sus propias manos y energía, era el dueño de la misma? ¿Que nos resultaba extraño que alguien pudiera decir que el escultor no tiene derecho de propiedad sobre su propio producto? ¿Que era obvio que, si todo hombre tiene derecho a su propio cuerpo, y si debe valerse de los objetos materiales del mundo para poder sobrevivir, entonces el escultor tiene derecho a poseer el producto que ha realizado, por medio de su energía y esfuerzo, y que es una verdadera *extensión* de su propia personalidad? Esto es exactamente lo que nos planteaba antes Murray.

Contra esto, lo que afirma Proudhon:

(…) el hombre que se posesiona de un campo y dice: este campo es mío, *no comete injusticia alguna mientras los demás hombres tengan la misma facultad de poseer como él; tampoco habrá injusticia alguna si, queriendo establecerse en otra parte, cambia ese cambio por otro equivalente. Pero si en vez de trabajar personalmente pone a otro hombre en su puesto y le dice:* trabaja para mí mientras yo no hago nada, *entonces se hace injusto, antisocial, viola la igualdad y es un propietario.*[98]

Por ello, la propiedad coacciona a la gran mayoría de individuos tanto en el momento del hurto como toda la

---

[98] *¿Qué es la propiedad?*, capítulo V, II, de Pierre Joseph Proudhon.

eternidad posterior, creando un sistema basado en el trabajo asalariado, donde toda productividad viene a reposar en las manos del usurpador. El sistema se organiza de manera que el que no posee propiedades se ve en la necesidad de vender su libertad mediante el trabajo, con la ilusión de almacenar lo suficiente para dejar de trabajar, lo cual no acaece de manera sistemática, pues la *praxis* se orienta de tal modo que consigue cronificar la esclavitud. También con Marcuse, referente que ya ha estado presente en capítulos anteriores, decimos que:

> *Desde el primer momento, la libertad de empresa no fue precisamente una bendición. En tanto que libertad para trabajar o para morir de hambre, significaba fatiga, inseguridad y temor para la gran mayoría de la población. Si el individuo no estuviera aún obligado a probarse a sí mismo en el mercado, como sujeto económico libre, la desaparición de esta clase de libertad sería uno de los mayores logros de la civilización. El proceso tecnológico de mecanización y uniformación podría canalizar la energía individual hacia un reino virgen de libertad más allá de la necesidad. La misma estructura de la existencia humana se alteraría; el individuo se liberaría de las necesidades y posibilidades extrañas que le impone el mundo del trabajo. El individuo tendría la libertad para ejercer la autonomía sobre una vida que sería la suya propia.*[99]

Pero es el propio Mises, economista de gran prestigio que ya hemos tratado, quien reconoce que:

---

[99] *El hombre unidimensional*, de Herbert Marcuse.

Cualquier propiedad dimana de una ocupación y de una violencia.

(…) remontémonos hacia atrás para buscar el título jurídico de cualquier propietario, y llegaremos forzosamente al momento en que la propiedad nace porque alguien se apropió parte de un bien asequible a todos, a no ser que encontrásemos una expropiación llevada antes a cabo en la propiedad del poseedor precedente, mediante el uso de la violencia, propiedad que, en último análisis, hubiese sido a su vez una expropiación o un robo. Todo derecho se remonta a una violencia efectiva y toda propiedad fue en su origen expropiación o robo. [100]

Y atiendan a cómo concluye:

Se puede conceder esto a los adversarios de la propiedad, que parten de consideraciones que se fundan en el derecho natural. Por lo demás, estas consideraciones no aportan la menor prueba con relación a la necesidad, la oportunidad y la justificación moral de la supresión de la propiedad. [101]

Lo cierto es que este mismo pragmatismo a defender por los economistas neoclásicos es el mismo que critican en la concepción del Estado como justificación moral. En sintonía con esta segunda crítica, no en términos absolutos, expongo la hipocresía libertaria de querer negar la ontología del Estado, el cual surge de manera arbitraria y en

---

[100] *El socialismo*, capítulo I: «Naturaleza de la propiedad», A: Violencia y contrato.
[101] *El socialismo*, capítulo I: «Naturaleza de la propiedad», A: Violencia y contrato.

debate, pero no negar también la ontología de la propiedad privada de los medios de producción.

Otra contradicción hallada en el pensamiento de Rothbard, así como en la totalidad de los defensores de la *libertad individual*, es la polémica herencia. Sucumbidos a la bonanza y al sentido común, consideran incuestionable el hecho de que, tras la muerte del que ha hurtado a los demás hombres las extensiones de la tierra —una tierra agasajada por la naturaleza—, este ceda todas sus posesiones a su descendiente o, en cualquier caso, al individuo que desee. Y no solo así, ya que los ejemplos con los que se puede argumentar se adaptan cada vez a las realidades del mundo; ya no hablamos de heredar un extenso terreno que un sujeto trabajó de sol a sol toda su vida, sino de los casos del mundo actual. Atendamos a lo que dice Rothbard:

> Si Willie Stargell es un jugador de béisbol diez veces mejor y más «productivo» que Joe Jack, están dispuestos a aceptar la justicia de que Stargell gane diez veces más, pero se preguntan: ¿cuál es la justificación de que alguien cuyo único mérito es haber nacido Rockerfeller herede muchísima más riqueza que alguien nacido Rothbard? La respuesta libertaria es que hay que concentrarse no en el receptor, el niño Rockerfeller o el niño Rothbard, sino en el dador, el hombre que transmite la herencia, dado que si Smith, Jones o Stargell tienen derecho a su trabajo y a su propiedad, (...) también tienen derecho a ceder su propiedad a quienquiera que deseen.[102]

---

[102] *Hacia una nueva libertad. El manifiesto libertario*, capítulo 2: «Propiedad e intercambio», Libre cambio y libre contratación.

Con esto, Rothbard ha destruido todo el argumento a favor de la parafernalia del individualismo y la meritocracia. Sin quererlo, afirma que el niño cuyo único mérito es haber nacido en cuna rica no tendrá que desarrollar ninguna cualidad con el fin de la subsistencia. Su vida estará resuelta. Podrá abandonar los estudios, holgazanear, podrá carecer de toda virtud, podrá ignorar leyes cuyo castigo satisfaga con una impagable multa que exceda una cantidad que un trabajador sin propiedades podrá reunir en mucho tiempo. También podrá pagar a muchos asesores que gestionen divinamente sus propiedades o su fortuna, careciendo él de ningún dote empresarial. *Es libre de hacerlo. Debes respetar su libertad, y punto*, se objetará. Pero hablamos, de nuevo, tan solo de libertad física, de la imposibilidad de no hacer lo sencillo. *Si lo desea, podrá pasar años en las mejores universidades y tener cuatro trabajos.* No obstante, esto ya no lo haría por necesidad, por subsistencia, por la necesidad primaria del hombre de trabajar la tierra para poder vivir, como bien apunta Rothbard.

En suma, el factor esfuerzo, mérito y talento quedan totalmente derrocados al asumir la herencia de la propiedad, pues el propietario no deberá preocuparse por desarrollar ninguna facultad empresarial, sino simplemente de poner la mano, llevando una vida ociosa. Estos hombres son los que denuncia Russell:

> *Hay hombres que, merced a la propiedad de la tierra, están en condiciones de hacer que otros paguen por el privilegio de que les consientan existir y trabajar. Estos terratenientes son gentes ociosas,*

y por ello cabría esperar que yo los elogiara. Desgraciadamente, su ociosidad solo resulta posible gracias a la laboriosidad de otros; en efecto, su deseo de cómoda ociosidad es la fuente histórica de todo el evangelio del trabajo. Lo último que otros pudieran desear es que otros siguieran su ejemplo. [103]

Véase, ya no solo el hecho de atribuir la propiedad al individuo creador del objeto, al individuo que transforma la naturaleza, con lo que naturalmente se debe concordar. Ya no solo el incierto modo en el cual se le atribuye al hombre el espacio donde acontece la acción primitiva de producción, donde se hace, por vez primera, a saber, el uso de la tierra con fines de subsistencia, sino que ahora el hombre es dotado de decidir el destino de otros hombres, de elegir quién en un futuro se hará cargo de la tierra y de la mercancía que en ella se produce. Como un dios que atribuye a los mares más calma que a otros, a unas especies animales más destreza que a otras, a los hombres unos talentos que a otros no concede, ahora el propietario, el rico, juega a ser un dios que decide las circunstancias que otro individuo podrá disponer en su existencia, modificando rotundamente su destino, dándole libertad, mientras el resto carece de ella.

La cultura del esfuerzo, la meritocracia, la valía del padre de familia que se las ve y se las desea para ofrecer manutención a sus seres queridos, todo se viene abajo cuando un individuo que, al segundo de nacer, aún en la

---

[103]   *Elogio de la ociosidad*, de Bertrand Russell.

presencia del cordón umbilical en su ombligo, ya posee cuantas hectáreas de tierra se le hayan concedido o se le vayan a conceder. Otros llevan décadas habitando el mismo mundo, trabajando las mismas tierras, yendo a la misma fábrica, pero todo lo que producen no les pertenece, sino que le pertenece a un ente que ha decidido que de tal metro a tal metro todo era suyo. De una manera más literal, comprar una propiedad es comprar la vida de los hombres sin propiedades. *Si quieres la vida —se le dirá—, trabajarás mis tierras. Todo lo que produzcas será mío. Si produces 50 tomates, tu sueldo serán 10. Si produces 300 tomates, tu sueldo serán 10. Si no estás conforme, podrás irte a donde te paguen más, pero no hallarás lugar donde te paguen el 100 % de lo que produzcas.*

Lo mismo acaece con la monarquía, donde el funcionamiento es similar. El hijo o la hija del rey no necesita *esforzarse* en nada más que en nacer para gozar de una vida en la alta nobleza, inundada de los más grandes lujos, accediendo a la mejor formación pagada con dinero del contribuyente.

Retornando al escabroso pensamiento de Rothbard, vayámonos ahora a otro apartado de su obra: el neoyorquino habla de la libertad de alquilar un espacio donde dar conferencias y de la libertad de imprenta. Critica, por supuesto, el hecho de que, si todo esto está en manos del Estado, aquel que pretenda alquilar un espacio para criticar al Estado será impedido. Los anarcocapitalistas señalan la historia reciente y condenan la nula libertad que había en la URSS, donde un *macroestado* dirigía todo tipo de publicaciones, todo tipo de élites en contra del régimen o propaganda anticomunista. No obstante, se produce el mismo deleznable efecto en caso de que desaparezca el Estado y todo espacio quede en manos privadas.

Lo único que este problema sea insoluble, y oculta la verdadera solución, es el hecho universal de la propiedad y el control gubernamental de las calles. La cuestión es que quienquiera que sea el dueño de un recurso decidirá cómo utilizarlo. El dueño de una imprenta decidirá qué se va a imprimir en ella, y el dueño de las calles decidirá cómo asignar su uso. En resumen, si las calles fueran de propiedad privada y la Asociación Amigos de Wisteria solicitara utilizar la Quinta Avenida para manifestarse, la decisión de alquilar la calle para la manifestación o mantenerla libre para el tránsito dependerá del dueño de la Quinta Avenida. En un mundo plenamente libertario, en el que todas las calles fueran de propiedad privada, los diversos propietarios decidirían, en cualquier momento dado, si alquilar su calle para manifestaciones, a quién alquilársela y a qué precio.[104]

Esto se puede equiparar con lo que venimos ya diciendo anteriormente sobre la comparación entre la casta política, esto es, el Estado, y las similitudes con el *laissez-faire* que ocasionan que sea el dueño de una propiedad completamente ilegítima desde la mera concepción filosófica el que decida, siempre en virtud de la razón instrumental, del mero egoísmo, qué fines darle o no darle a esta, rechazando los que él, soberanamente, considere ajenos a su

---

[104] *Hacia una nueva libertad. El manifiesto libertario*, capítulo 6: «Libertad personal», Libertad de expresión.

incumbencia. Por no hablar de lo que venimos diciendo también de la libertad económica: cuando se dice que el derecho a huelga, a alzar la voz, es para todos los hombres, pues somos todos igualmente libres, pero a su vez se dice que solo aquellos que satisfagan económicamente este derecho podrán acceder a él, esto ya no es un derecho, sino, naturalmente, un privilegio para aquellos que reúnan lo demandado por el propietario, ya no solo esto, sino según el argumento de Rothbard, que satisfagan también sus intereses. Se le dirá al poco pudiente trabajador que quiere alzar la voz por no recibir el sueldo correspondiente de su empleador, fijado en su contrato laboral, que pague lo que los medios por los cuales puede satisfacer su acto volitivo le establezcan.

La propiedad privada de medios tan comunes como una calle donde se celebran manifestaciones, concentrada en gentes de un pensamiento unidireccional tentado por la acumulación de riqueza —estando esto último por encima de toda ética y de todo compromiso para con los seres humanos, entre ellos, consumidores de su producto o trabajadores, es decir, seres humanos que colaboran necesariamente en el proceso de enriquecimiento del propietario— supone la restricción de las libertades del resto. En relación a lo dicho por Rothbard, un pobre no puede permitirse pagar un teatro en el que dar una conferencia. Por buenas que sean las ideas que la mente del poco pudiente tenga para expresar, si no satisface al propietario, se irá a la tumba con ellas.

Pero el estrambótico pensamiento de nuestro autor no llega a su cúspide defendiendo la privatización de las calles, pues el neoyorquino también presenta sus argumentos en defensa de la privatización de toda naturaleza: los ríos, los mares y el propio aire.

Habla Rothbard de la necesidad de privatizar mares y ríos, ya que, al estar en manos del Estado, es cuando se contaminan, pues la gente vierte la basura sobre ellos. No obstante, son precisamente las grandes fábricas las que vierten los desechos en el río y en el mar. Rothbard parece desviar la culpabilidad hacia los individuos particulares, a la colilla que se tira al suelo mientras pasea uno al lado del río, al plástico de la chocolatina o del cartón de zumo que el niño arroja al suelo por la pereza que le ocasiona aguardar hasta toparse con una papelera, lo cual es una acción errónea y debe ser corregida de inmediato, por supuesto. De este modo, consigue darse a entender que la culpa de la contaminación reside aquí, en estas pequeñas cosas, y no en las toneladas y toneladas de basura que acumulan las grandes empresas.

El funcionamiento del sistema capitalista consiste en crear problemas y vender después las soluciones. Así, las grandes macrofábricas abusan de la naturaleza y se convierten en la causa mayor de la contaminación. Después concician al ciudadano de que el culpable de que el mundo sea cada vez menos habitable es él mismo, su imprudencia al tirar el envoltorio del caramelo al suelo. En tercer lugar, se saca rédito de la necesidad de cuidar el planeta, pues son ya muchas las empresas que ofrecen al público servicios de reciclaje a domicilio o productos reciclados a un coste mucho mayor que los tradicionales. Esto origina también un sentimiento de culpa en aquel que, concienciado de la realidad medioambiental, no puede permitirse beber un café en un vaso hecho con fibra reciclada de posconsumo, ni sustituir su coche por uno de cero emisiones, ni empezar a comprar agua en botellas de cristal en vez de plástico. Todo esto mientras las fábricas no detienen su actividad.

También se consigue sacar partido de los desastres medioambientales, derivando en la motivación de provocar los mismos. En Galicia, mi tierra, desde las últimas décadas existe un grandísimo problema relacionado con el afán de la pirotecnia. La reforma de la Ley 21/2015, de Montes, por la que se modifica la Ley 43/2003, permitía a las comunidades autónomas del país acordar el cambio de uso forestal cuando concurran *razones imperiosas de interés público*, con el fin de la restauración del territorio dañado[105]. De esta manera, el incendio forestal se convierte en un beneficio, en una conveniencia, en un lucro total para determinados sectores, destacando los especializados en restauración de montes[106]. Raramente puede hablarse de casualidad al interpretar la problemática constante que viven los montes gallegos en verano, pues cada año son más los siniestros registrados. Lo cierto es que las horas a las que se producen los conatos suelen ser siempre las mismas, alrededor de las ocho de la tarde, donde las po-

---

[105] Véase Ley 21/2015, de Montes.
[106] Véase «La economía del fuego, ¿quién se beneficia de que ardan nuestros bosques?», en *Bolsamanía*.

cas horas de luz no son suficientes para que los cuerpos estatales solventen el incendio. Ese es el *modus operandi* de aquellos que hacen negocio del daño colectivo, pasando a ser causa y efecto en la economía. Todo apunta a que son ciertos sectores privados los que organizan estos delitos para después lucrarse del mal que provocaron. En definitiva, el sistema capitalista produce el problema y te vende la solución. A esto se debe el planteamiento del pensador esloveno Slavoj Žižek:

El capitalismo no solo produce depresión, sino que luego ofrece pastillas para anestesiarla, convirtiendo un conflicto político-existencial en un desequilibrio químico individual ¿No es sospechoso que el sistema que nos enferma también nos venda la cura?[107]

Afirma Rothbard que *solo los derechos de propiedad impedirán que continúe la invasión contaminante de los recursos*[108]. Esto es pecar de un excesivo idealismo, el suponer que será un ricachón concienciado con la moral ecológica, amante del medio ambiente y luchador por un planeta verde el que tenga bien cuidado el río o el mar que posea. Atendiendo al discurso libertario, ninguna organización que mire por el bien colectivo le impedirá que prohíba el baño, ni siquiera que decida empodrecer él mismo hasta la última gota del terreno.

---

[107] *Problemas en el paraíso*, de Slavoj Žižek.
[108] *Ibidem.*

Es imposible justificar el motivo por el cual algo tan natural como lo es un mar o un río quede bajo la soberanía de un individuo. Ni siquiera hablamos de un individuo con conocimiento sobrante sobre el cuidado del río o del mar, caritativo para con la sociedad que deje libremente pescar a marineros y pescadores, que facilite el comercio y el desplazamiento. Podrá ser un completo desgraciado que por suerte cuente con una fortuna incalculable, cuyo apetito le incite a ejecutar el acto de la compra de un enorme río para después dejarlo al destino de la mano de Dios, abandonándolo y aboliendo toda su utilidad para la aldea que lo orbita.

Al inicio de este capítulo se ha dicho de manera ficticia que si el hombre llegase a la luna, enseguida estaría privatizada, lo cual es bueno recordar aquí.

Paul Steinhardt y Neil Turok propusieron a comienzos del siglo XXI la hipótesis de la gran implosión *(Big Crunch)*, la cual sostenía, esbozando la conclusión, que el fin del universo se daría en un sentido contrario al de la gran explosión *(Big Bang)*, esto es, se invertirá el proceso mediante el cual el universo se expande aproximadamente unos 76 kilómetros por segundo pasando a contraerse de forma masiva hasta colapsar de nuevo en un único punto diminuto. Lo mismo podría acaecer en la Tierra en virtud de la práctica del *laissez-faire*, pues vemos cómo multimillonarios absorben enormes empresas de la competencia, así como también compran empresas totalmente distintas a su sector tan solo por ambición, sin tener ningún conocimiento acerca de ellas. Tan solo ponen el dinero y firman un papel en el que se reconoce que son suyas; luego derivan todo el trabajo y gestión de la misma en otros individuos. Vemos cómo dominan los medios de comunicación, peleándose también por las compañías privadas y las redes sociales. Si partimos del axioma de la insaciabilidad del egoísmo y de la ambición humanas, sumadas a esa corte existencial, a ese *salto de fe*, en términos de Kierkegaard, por el cual los humanos poderosos intentan romper la norma y hacer posible lo imposible, ¿qué impedirá a un empresario adueñarse hasta del último centímetro cuadrado de propiedad privada de la Tierra? Así, todos los ríos, todos los mares, las calles, las carreteras, las urbanizaciones, los campos, los desiertos, los colegios y los hospitales quedarán sometidos a un único propietario, como se dice que toda la materia del cosmos se concentrará en un punto infinitamente insignificante.

Esto parece ser abismalmente complejo, casi ficticio y digno de una novela distópica, ya que puede sugerirse que si se receta la propiedad privada, habrá propietarios reacios a vender sus negocios, pero tal vez sí sus hijos, nietos o bisnietos. Esta novelesca metáfora no parece imposible según lo dictado por los defensores del anarcocapitalismo.

Contra esto, atiéndase a las palabras de un catedrático universitario en Galicia, quien apunta que:

> *La globalización capitalista tiene el mismo objetivo que el marxismo de Marx, de Engels o de Lenin: la abolición de la propiedad privada. El anarcocapitalismo en su dirección como el marxismo en la suya coinciden en el mismo punto de encuentro, pero circunvalando*

el mercado de forma opuesta, que es la supresión de la propiedad privada.[109]

Inmediatamente apunta:

Naturalmente esto que acabo de decir se puede discutir, (...) pero se mueve.[110]

Y así es, *eppur si muove.*

Estrambótico resulta el pragmatismo por el que abogan los grandes pensadores librecambistas, cuyos fines humanistas son perseguidos tan solo por los individuos más inmorales y oportunistas.

La misma grandeza que guía el trabajo intelectual de las grandes mentes enamoradas de la abolición del Estado en cuanto a libertad de mercado compete es también la grandeza de los males y la temeridad consecuente de sus triunfos, peligrando considerablemente la poca justicia que pueda hallarse en las sociedades en las que el Estado interfiere en la vida de las masas, no con el fin de martirizarlas, sino con el de impedir que se les refrenen tantas acciones como pueda la privatización de todo lo existente. No seré yo quien defienda al Estado como entidad necesaria, pero tampoco su abolición sin abolir también la propiedad. De

---

[109] *Del marxismo al anarcocapitalismo: 1 monstruo, el mercado; 2 enfermos terminales, Estado y democracia.*
[110] *Ibidem.*

lo contrario, el mundo será el paraíso para unos pocos y el infierno para otros muchos.

Así suena la utopía anarcocapitalista: *Debemos reorientar nuestra forma de pensar para considerar un mundo en el cual todas las áreas terrestres sean de propiedad privada*[111].

★★★★★

El neoyorquino lanza una pregunta a aquellos que no son libertarios, con el fin, según parece, de concebir la malicia del Estado y la violencia que este ejerce sobre los individuos. Pregunta Rothbard: *¿cómo se puede definir al cobro de impuestos de modo que lo diferencie del robo?*[112] Sin duda trataremos esta cuestión, pero antes quisiera lanzar una pregunta con la misma intención que la de nuestro economista: en total relación con el título de este capítulo, donde los libertarios niegan la existencia de la entidad estatal, pero alardean y defienden con uñas y dientes la entidad de la propiedad, puede modificarse la pregunta y cuestionar: ¿cómo se puede definir la apropiación del producto creado por el trabajador asalariado de modo que lo diferencie del robo? Pregunta a la que poca respuesta se ha dado. Algunos han creído dar con la clave, con la respuesta lógica e incuestionable, la cual desnudaremos enseguida.

---

[111] *Hacia una nueva libertad. El manifiesto libertario*, capítulo 11: «El sector público II: calles y rutas», Protección de las calles.
[112] *Hacia una nueva libertad. El manifiesto libertario*, capítulo 3: «El Estado», El Estado como agresor.

Se ha dicho de manera muy convencida que la diferencia entre los costos marginales y los costos de mercado debe pertenecer al empresario debido al riesgo al que este se enfrenta en su negocio, ya sea en una pequeña pyme, una gran empresa o, incluso, un monopolio. Naturalmente, el empresario A, quien proporciona unas zapatillas de andar por casa, debe nutrir un remanente por si el día de mañana aparece otro emprendedor B ingenioso capaz de hundir su auge, haciéndole ver a los consumidores la prescindencia del producto de A ofreciendo un modelo de zapatilla más cómodo o el mismo modelo que el de A, pero a un costo más bajo, ya que averiguó la manera de aumentar su productividad. Así como, incluso, un oligopolio destinado a unos tratamientos exclusivos contra el cáncer se verá prescindible si, Dios lo quiera, la ciencia avanza lo suficiente como para descubrir la vacuna decisiva que libere a toda la especie de tan terrible enfermedad, como los libertarios tratan de hacer con el Estado. Aquel que posee todo el beneficio económico, esto es, el propietario, se verá en un severo estrés si oye alguna de estas noticias que atenten contra su actividad. Es por esto por lo que se justifica que los madrugones, el sudor, las molestias, la enfermedad, el hastío, los dolores que causan muchas actividades laborales, las cosas que el obrero se ve obligado a dejar de hacer, de las que se ve obligado a prescindir, todo esto debe ir destinado a que el poseedor de la propiedad ahorre lo suficiente por si, en todo caso, nadie compra sus chaquetas, sus zapatillas o sus bolsos, mercancías que, tal vez, ni sepa siquiera fabricar. Por si nadie acude a comer a sus restaurantes, los cuales visita con poca frecuencia, incluso sin tener necesidad de hacerlo. Por si la bolsa no juega a su favor y pierde acciones debido a la mala gestión de un tercero. Por todo esto, el individuo sin propiedad debe someterse al que sí la tiene. Es por esto por lo que medra mi empatía cuando libertarios critican al Estado, porque sin este reconocerse como entidad real, tangible, reconocible, les *roba* el dinero a los contribuyentes bajo el decorado pseudónimo de impuestos, pero similar es la violencia ejercida contra los productores, quienes son los únicos que transforman la naturaleza en mercancía y a los que se les roba bajo un sistema y unas leyes que amparan este hurto.

El factor riesgo es un problema, no cabe duda, pero es también un problema del sistema capitalista. En la mayoría de los países de Europa, el tejido empresarial se compone sobre todo de pequeñas y medianas empresas. En España, las grandes empresas constituyen el 0,2 %; sin embargo, casi cuatro de cada diez trabajadores deben su empleo a alguna de estas. Lo cierto es que también suelen dar los mayores problemas: incumplimiento de contratos, despidos improcedentes, remuneraciones no pagadas, incumplimiento de los derechos laborales, muchas denuncias por explotación, proveedores de países donde los trabajadores no cuentan con derechos laborales o incluso humanos y, sobre todo, que los trabajadores que las constituyen no aspiran más que a la subsistencia forzada, ya que es el Estado el que garantiza la imposibilidad de bajar el salario de una determinada cantidad. ¿Puede pensarse que en una sociedad sin Estado el empresario tendría la total caridad de subirle o mantenerle el sueldo a sus empleados por mucho que aumente la productividad de estos? A diferencia de la mayoría de grandes empresas, en las pymes el propietario suele trabajar en su negocio. Los dueños de los bares y los talleres trabajan de sol a sol, ya que su renta sí depende de su productividad, y ven cómo todo su esfuerzo sí se transforma en dinero, pero los dueños de las grandes macrofábricas no tienen siquiera la necesidad de preocuparse por el estado de su empresa. Acumulan unos ingresos desproporcionados a lo que aportan a la sociedad, por lo que justificar el arrebato del sobreprecio debido al riesgo que asume de quebrar es ridículo en comparación con la otra cara de la moneda, con el trabajo del obrero, que asume a diario riesgos mucho más peligrosos que sus jefes, y más asumirían en una sociedad donde todo estuviera privatizado: debido al poco salario que se le paga, no podrá permitirse enfermar y acceder a la sanidad privada; no podrá permitirse un accidente de coche y asumir el coste de la reparación, ni la subida del precio de la lista de la compra, por no hablar del riesgo a tener accidentes laborales, un riesgo que no tienen los propietarios de las grandes empresas.

Cuando el empresario acumula lo suficiente para dejar de trabajar y que otros trabajen por él, se convierte en un parásito que no genera ningún valor. Posee ilegítimamente una propiedad y extrae de ella toda la renta que no produce. A lo sumo, el hecho de que el poder de las grandes multinacionales sea capaz de imponer tremendas barreras de entrada a otros pequeños emprendedores imposibilita que estos puedan montar su empresa en sus barrios, también relacionado con el dominio de la técnica y la fuerte competencia que podría hacérsele a un innovador poco conocido. Si este último sacase al mercado un nuevo refresco, de un sabor excelente y, por novedad, mucho más sano que la mayoría de los refrescos, los propios consumidores verían fácil rechazarlo debido a factores como la fidelidad con los refrescos de toda la vida o su criterio mayoritariamente sesgado de relacionar la marca con la calidad. Los grandes oligopolios ya consolidados no necesitan sacar al mercado buenas innovaciones. Lo más seguro es que, sea lo que sea que saquen, seguirán gozando de ese dominio psicológico sobre los consumidores, a los que poco importarán las mejoras de nuevos productos poco conocidos. Tal vez si gracias a la fortuna, pilar del éxito en los negocios, nuestro pequeño innovador comenzase a vender mucho, a convencer a todo su barrio, su ciudad, provincia y, aspirando a mucho, su país, será cuando ese consumidor fidelizado vea en esa opinión masificada el elemento por el cual aventurarse a consumir el producto local. No obstante, si este éxito llega a los oídos de la competencia, no durarán en invertir capital en sabotear esa nueva marca mediante campañas de falsa propaganda que atenten contra el prestigio del producto. De ahí que el afán del capitalismo por mantenerse en el monopolio, acumulando cuanta más riqueza se pueda, a pesar de causar adicciones y evitar nuevas opciones de mercado más óptimas, imposibilita el nacimiento de nuevas pymes constituidas por pequeños burgueses que se ganen la vida ofreciendo sus productos.

Hemos visto cómo se expropia la propiedad y se constituye una sociedad basada en la injusticia y en los privilegios; hemos visto cómo, a pesar de esto, no se respetan las condiciones de los trabajadores y hemos visto cómo la justificación al sistema incita a tener compasión por el empresario multimillonario, que no puede dormir por la noche en su mansión de trescientos metros cuadrados, y se desespera en los yates y en los cruceros.

★★★★★

Respecto a los impuestos, el millonario libertario que reniega del famoso *pacto social*, ni concibe la sociedad en tanto que idea material, exige la libertad demandada por los anarcocapitalistas: *Yo no tengo ningún compromiso con la sociedad. No quiero que mis impuestos sirvan para mantener el sistema sanitario ni educativo de los obreros menos pudientes, muchos de los cuales son obreros que trabajan en mi empresa, a los que les pago un salario que imposibilita la privatización de sus vidas*, dirá nuestro amigo empresario. Podría decírsele a este hombre, ofreciéndole primero un té, lo siguiente: usted reniega de la sociedad, sociedad en la que se fraguan las mismas leyes mercantiles que constituyen su posición. De lo que ingrese, se quedará con el 100 % porque asegura la inexistencia de ningún tipo de lazo ni vínculo con el colectivo civil. Le pregunto: aparte de los obreros que materializan la mercancía, ¿quién consume esta última? Son los mismos consumidores que habitan la sociedad los que participan en el ciclo económico en que se halla incrustado, y sin los cuales no sería posible amasar la fortuna que amasa. Tal vez sea cierto que los millonarios se vean en la fatal arrogancia de reclamar la libertad de no contribuir con los bienes de la sociedad, por supuesto, en ausencia de la más microscópica caridad. No obstante, resulta que la sociedad sí decida, por ejemplo, en virtud de la democracia, organizarse de tal modo en que todos contribuyan con el fin de garantizar el bienestar de todos.

¿Pretende seguir participando en el ciclo económico sin contribuir?

Se ha hablado en otro lado de la necesidad del individuo para con el colectivo: uno necesita un maestro que le enseñe a leer y escribir; necesita de sus compañeros para realizar actividades en conjunto y entrar en contacto con el deporte; necesita que alguno de sus progenitores le enseñe el oficio que desempeña para realizarlo él en un futuro; necesita también de servicios públicos, como el transporte, si es que sus padres no pueden llevarlo a los sitios oportunos; necesita de una sanidad de calidad, donde dependerá su salud de un médico suficientemente cualificado; depende de los cuerpos de seguridad del Estado si atentan contra su integridad física. Si por suerte logra montar un negocio, necesita de terceros que consuman su producto, terceros que también necesitan tener cubiertas todas las necesidades de las que venimos hablando para poder consumir su producto. Por esto, es completamente irracional decir que uno está totalmente al margen de la sociedad y que no tiene ningún compromiso para con ella.

Y con esto también el factor riesgo como accidente que puede causar la quiebra del empresario. También con Richard Cantillon se puede plantear la siguiente cuestión:

¿Quién sería capaz de prever el número de nacimientos y muertes entre los habitantes del Estado en el curso del año? ¿Quién podría prever el aumento o la disminución del gasto que puede acaecer en las familias? Sin embargo, el precio de los artículos producidos por el colono depende naturalmente de estos acontecimientos imprevisibles para él, lo cual significa que conduce la empresa de su granja con incertidumbre.[113]

Esto significa que, si el consumidor se ve atacado por la falta de recursos y, en alusión a la famosa pirámide de Maslow, se ve en la necesidad de invertir casi la totalidad de su dinero en elementos de primera necesidad como sanidad y educación, no podrá permitirse el lujo de consumir otros productos. En cambio, si se le garantizan los bienes primarios, se abrirá un abanico de oportunidades en el que podrá participar en el comercio. Imaginen al gran empresario o al gran rentista afirmando que no tiene ninguna obligación directa de contribuir para con su civilización, derivando en la total privatización de la sanidad y la educación, también de la seguridad, como Rothbard asegura. Los trabajadores que trabajan para un empresario que no tiene por qué pagarle un salario proporcional a su producción

---

[113] *Ensayo sobre la naturaleza del comercio en general,* primera parte, capítulo XIII.

ni correspondido con el mínimo impuesto por el Estado tendrán que pagarse a sí mismos todas estas necesidades, por lo que un gran porcentaje de la población trabajadora verá considerablemente reducido su poder adquisitivo y, por ende, su consumo. Estaremos de acuerdo en que carece de sentido priorizar una salida a un restaurante de calidad antes que disponer de agua y luz, o de pagar por poder ver todos los partidos de fútbol en vez de un tratamiento por una enfermedad grave, o de comprar un coche caro en vez de pagarle la universidad a sus hijos. En suma, el empresario necesita que a la población le vaya bien, por lo que argüimos una total dependencia del bienestar de la misma.

Concluimos con Richard Cantillon que *todo esto hace que los propietarios tengan necesidad de otros habitantes, como estos la tienen de los propietarios*[114].

★★★★★

Se ha citado ya, anteriormente en este ensayo, a Raymond Aron y su pronuncia respecto al olvido de Hayek sobre la cuestión filosófica de la libertad. Ahora volveremos con este argumento, ya no para tratar a Hayek, sino a Rothbard. Algo que tan evidente en *las ideas de la libertad* es suponer, como ya se ha dicho, que la libertad es una condición intrínseca al ser humano, confundiendo, fatalmente, esta libertad con el libre albedrío. Lo preocupante es pensar que un individuo, ausente de toda experiencia,

---

[114]   *Ibidem*, capítulo XII.

ausente de básicos conocimientos indispensables para la libertad, simplemente por poseer libre albedrío, está sujeto a la moralidad.

> *Lo irónico de todo esto es que, al obligar al hombre a ser «moral», es decir, a actuar moralmente (...), en realidad, lo privarían de la posibilidad misma de serlo. El concepto de moralidad no tiene sentido a menos que el acto de moralidad sea libremente escogido.*[115]

No se puede pretender que el hombre abandonado por el destino, sin educación, sin cultura, sin estabilidad humana vaya a escoger netamente la moralidad. Jamás se ha visto en la necesidad de fundamentarla, de cuestionarla siquiera para sí. Se guiará en virtud de impulsos que Dios quiera que en más ocasiones le traigan a él y a sus contiguos paz e imperturbabilidad que en menos, pero el acto incívico será naturalmente comprendido y practicado. De aquí la necesidad del colectivo de conocer cuanto más la moral en la que uno ha sido incrustado por obra del destino.

Sin ella, uno jamás podrá desprenderse de aquello de lo que no gusta. El hereje tuvo que ser advertido de las afirmaciones sobre el diablo para su conversión, también el ateo de las de Dios. Así el ciudadano debe conocer las leyes para evitar poner en peligro tanto al resto como a sí mismo. Como el individuo debe también conocer la salud y los hábitos que a ella nos llevan, si es que, eso sí, le

---

[115] *Hacia una nueva libertad. El manifiesto libertario*, capítulo 6: «Libertad personal», Pornografía.

compensa seguirlos para evitar la enfermedad. Incluso el libertario debe conocer el Estado para odiarlo.

No será el fin último de aquellos individuos libres lo que se pueda poner en duda, salvo, como inmejorablemente exponen los liberales, que este fin atente contra la libertad física del prójimo. Sí será inconcebible el reconocimiento de la libertad de aquellos a quienes el colectivo ha dejado de lado, sin acceso a la sanidad, a la educación, a la cultura, que actuarán de forma primitiva según los estímulos vayan guiándoles. Serán más propensos a cometer la violencia quienes nunca la hayan repudiado, más propensos a la adicción quienes no añoren su vida antes de esta, más propensos a la vagancia quienes se hallen ausentes de responsabilidades, más propensos a la crisis existencial a quienes no se les permita conocer todo cuanto puedan, ni conocer cuáles son sus pasiones, ni desarrollar sus talentos, ni, por ende, los medios que deben seguir con su esfuerzo para desarrollarlos y explotarlos. En suma, no serán morales si no son libres, y no serán libres si no se les permite atisbar la moralidad.

También afirma Rothbard:

El libertario (…) no quiere poner al hombre en una jaula. Lo que desea es que todos gocen de libertad, libertad de actuar de forma moral o inmoral, según la decisión de cada uno.[116]

---

[116] *Ibidem.*

La solución que otorgue a los hombres libertad no es arrojarlos al mundo en una desnudez intelectual y moral, pues estos vienen ya en la jaula de la que habla Rothbard, la jaula es el libre albedrío. Deberán desarrollar su pensamiento, conocer la ética, cuestionarla, contribuir de manera directa y cooperar en las actividades humanas. La solución de los libertarios es que las nuevas criaturas vengan a un mundo extremadamente privatizado, donde muchos no puedan permitirse la educación ni la sanidad, debido a que el resto ha llegado primero y ha decidido que los ríos, los mares y las montañas son de estos; que, si quieren gozar de ellos, deberán trabajar para ellos, siempre, siempre y siempre *en libertad*. El propietario mete en su jaula la tierra, la fábrica, la empresa, y les dice a los encerrados en sus jaulas que, si quieren salir de ahí, deberán meterse en la suya propia. Alguno logrará zafarse, milagrosamente, de su destino, pero la mayoría morirá encerrada allí.

Es en otro lado donde nuestro autor afirma que *el libertario es como el niño de la fábula, que se obstina en decir que el emperador está desnudo*[117]. Si se me concede seguir satíricamente esta comparación, veo más bien al libertario como el niño que defiende que el emperador comparta y difunda su mentira, pues es libre de hacerlo. Mientras el libertario contempla la más pulcra y tangible evidencia de la desnudez del individuo, así como a todos los asistentes de la plaza someterse a su fatal estupidez, se

---

[117] *Hacia una nueva libertad. El manifiesto libertario*, capítulo 2: «Propiedad e intercambio», El axioma de la no agresión.

sentirá cómodo en esa maravillosa ley natural del mercado, donde los siervos demandan todos ver lo que no es cierto, como los consumidores demandan en libertinaje lo que en libertad no querrían demandar. Esta simple comparación, dada, quizás, demasiado la vuelta y en una considerable sátira burlesca, es muy servidora como metáfora de la realidad del libre mercado que nos aqueja: los dos astutos responsables de hacerle el traje al emperador representan la razón instrumental en virtud de la cual buscan la manera, por retorcida y maquiavélica que esta sea, de salir beneficiosos en su empresa. Así, le venden humo a un emperador poco astuto, con poco intelecto y, por ende, carente de toda libertad real, prometiendo la inmejorable calidad de una mercancía inexistente. El soberano, en su ignorancia, no solo cae ante el engaño, sino que propaga la idea a sus súbditos, siendo estos los consumidores mayormente ignorantes que constituyen la sociedad. Tal vez la razón natural de alguno le señale lo evidente, la desnudez del emperador, pero prontamente será silenciada por el obrar de la propaganda de lo que Jacques Reuff denominaría *autoridad coercitiva*. Bien sea por el enfado de los guardianes que motivan el miedo del plebeyo, o bien sea la presión social propia de la superestructura, la que lleva al consumidor a ignorar la realidad. Muchos plebeyos demandarán a los empresarios, al acabar el desfile de su líder, que les proporcionen al menos una mercancía idéntica. Al libertario no le queda más que sonreír y aplaudir la creatividad y el ingenio de los avariciosos productores.

Para seguir con la sátira quisiera hacer alusión a un original nombre de una cuenta anarcocapitalista con una fama relativamente considerable, aunque tal vez desconocida por muchos. Este define muy bien la ecuación del anarcocapitalismo. Quisiera exponer este nombre a la vez que considerarlo el lema inmejorable de esta corriente, donde en pocas palabras se concluye admirablemente la dejadez y el simplismo característico de la ideología. Mediante el dicho *libertad y lo que surja*, de nuevo, tomando la libertad como axioma, pecando de idealistas, considerando que todo el mundo es igual de libre, se sostiene que un porvenir más justo e idílico acecha a los individuos y está ansioso por dotar de prosperidad económica a las sociedades tecnológicas. Abusando en esta comparación, no puedo evitar visualizar a un defensor del *laissez-faire* vestido de científico en su laboratorio, a punto de verter gotas de veneno sobre un retenido hormiguero, en el cual trabajan pacíficamente miles de hormigas, primando el apoyo mutuo en su organización. Tras el cumplimiento de su acto volitivo, nuestro librecambista se sienta en una silla a contemplar el espectáculo que él causó, mientras ingiere unas pocas palomitas en un cuenco. Las hormigas, ante los efectos de la sustancia, comienzan a pelearse entre ellas, a morderse y a devorarse. No existe ya entre ellas el bien común. No seré yo el que afirme que los hombres somos hormigas, y que debemos siempre actuar como ellas. Ni mucho menos que nuestra naturaleza es igual a la suya. Pero no puedo evitar imaginar que la libertad económica de los patrones nos llevará a los seres humanos a actuar de una manera similar entre nosotros.

Lo cierto es que esta libertad carece de una manifestación filosófica sólida y contundente, más que un libertinaje
salvaje, el cual podrá ser alimentado por aquellos que sepan
hacerlo. Lo que propone Rothbard es totalmente incierto:

> *La verdad es que cada individuo tomará la decisión final acerca de*
> *qué influencias adoptar y de cuáles rechazar, o de cuáles adoptar*
> *primero y de cuáles, después. El libertario recibe con agrado el proceso*
> *de intercambio voluntario y cooperación entre individuos que actúan*
> *libremente; lo que aborrece es el uso de la violencia para entorpecer*
> *esa cooperación voluntaria y forzar a alguien a elegir y actuar de*
> *manera diferente de lo que le dicta su propia mente.*[118]

Hemos visto ya cómo este idealismo no acaece en las
sociedades capitalistas, donde el propio sistema, la propia
superestructura, se pelea contra las elecciones deliberadas de
los individuos. Si se quiere la libre elección de estos, el auge
de los monopolios y los oligopolios, la abusiva propaganda
y publicidad, el control de los medios de comunicación,
en suma, la libertad económica de los grandes propietarios,
será un total impedimento.

---

[118] *Ibidem.*

DE LA NUEVA METAFÍSICA: PLATÓN EN EL SIGLO XXI

Cierto es que la ambición del hombre de extender
su poder en dos direcciones infinitas, la del microcosmos
y la del universo, no hunde sus raíces de inmediato en su propia
naturaleza, sino en la estructura de la sociedad.

MAX HORKHEIMER

Podemos hablar de metafísica, porque ya hemos comido.

FACUNDO CABRAL

Decía José Saramago que *el mundo se está convirtiendo en una caverna igual que la de Platón: todos mirando imágenes y creyendo que son la realidad*[119]. En este apartado se hará una breve exposición de esta alegoría, teniendo en cuenta todo lo expuesto hasta aquí.

Los pensadores griegos se hallaron en un contexto histórico muy favorable para el cultivo del saber. El contacto directo con la naturaleza en un planeta todavía no contaminado, el alimento extraído directamente de la tierra y del mar, el ejercicio olímpico presentado por atletas que entrenaban con bueyes, con rocas, con el propio peso corporal, el desarrollo de un arte y unas doctrinas filosó-

---

[119] *La caverna*, de José Saramago.

ficas que hoy nos sobreviven a todos, la construcción de grandes templos y santuarios, el auge del teatro y la poesía. A pesar de este mundo natural, la reflexión llevó a muchos a convencerse de que todo lo que veían, desde el pez que pescaban en las costas, el medrar continuo de los árboles, el desarrollo de sus conciudadanos hasta los eclipses solares, era todo producto de la imaginación. Fueron muchos los que desconfiaron de los sentidos como fuente verdadera e inequívoca de conocimiento. ¿Por qué iban estos a mostrarnos la realidad tal como es? Parménides llegó a rechazar en la totalidad la veracidad del conocimiento sensorial. No tanto Heráclito, quien sí dijo que los sentidos pueden con facilidad engañarnos, que el verdadero conocimiento es superior y de difícil acceso. Algo más radical fue la postura de Crátilo, quien incluso renunció a la palabra, ya que estaba convencido de la inexistencia del ser y de que todo lo existente no era más que una farsa. Pero sería Aristocles, conocido por todos por el sobrenombre de Platón, quien expondría en su obra una representación del mundo totalmente pulcra. Los griegos dudaban de si ese árbol que vieron germinar y crecer con los años, florecer y marchitar sus hojas y lignificar su tronco era o no real; dudaban de la perfección de las esferas de los planetas; dudaban de si el hombre era o no virtuoso; en suma, se cuestionaban toda la realidad. Platón creía que los hombres no veían más que las sombras de la pared de la cueva a la que llaman mundo, y que la realidad estaba mucho más allá, pues se trata de una realidad inteligible. En cambio, los individuos de hoy en día, los herederos de tanta cultura acumulada, de tanta historia vivida, de revoluciones y de siglos y siglos de dialéctica en estado puro constituyendo la verdad en el todo, ya ni siquiera observan el mundo, ya no hay conexión con los objetos sensibles, con la naturaleza y cada vez menos con otros individuos. La nueva especie se ha metido a sí misma en su propia cueva: internet, en la que ve las sombras que le muestra la estructura electrónica: los *me gusta* en las fotos publicadas que simbolizan la aprobación social, la publicación de actos aparentemente buenos cuyo fin no es el acto en sí, sino el captarlo en cámara y causar aprobación ajena, cosificar aspectos de la vida tan trascendentes a clichés y a una tipología de vídeos similar en la que no se trata de otra cosa que de mostrar posturas políticas e ideológicas sin la compañía de ningún argumento, limitándose únicamente a mostrar símbolos como banderas o logotipos de partidos políticos. El auge del insulto y de la discusión en espacios tan ilegítimos para la tarea como los comentarios de una publicación. El consumo irracional de productos innecesarios e inmorales que, poco a poco, no solo se normaliza su consumo, sino que se promueve y se transforma en esencia del colectivo. La estafa en los negocios, donde se hace un análisis exhaustivo de una muestra de personas, descubriendo todo tipo de información sobre sus vidas, con el objetivo de crearles necesidades que, debido a su poca destreza intelectual, motivada por las circunstancias sociales y políticas, son incapaces de concebir como superfluas. La radicalización y el maniqueísmo, donde no existe término medio entre una postura u otra: o está uno radicalmente a favor de la inmigración o radicalmente en contra, a favor del aborto o en contra, en sintonía con la más extrema derecha o con la más extrema izquierda. El exceso de gentes que opinan sobre temas que les son totalmente desconocidos, originando la *dictadura del tener algo que decir*, donde es tangible la necesidad de hablar constantemente, de opinar sobre absolutamente todo lo opinable, de refugiarse en el ruido de la opinión colectiva, el deseo incesante de pertenecer[120]. La perversión de la opinión pública, donde triunfan las palabras de un creador de contenido que entierra a toda la población activa en billetes por tan solo jugar a videojuegos sin estar informado sobre los problemas que aquejan a sus seguidores. Y, sobre todo, la fatal arrogancia de creer que esto es la realidad y que uno es más libre que nadie, porque puede hacer lo que quiera, puede gastarse el sueldo de sus padres en unas zapatillas de moda que le ofrecen el mismo servicio que cualesquiera otras, en un concierto de música donde el cantante ni tiene buena voz ni presenta una letra en sus canciones que no denigre a la mujer, que no elogie el consumo y el clasismo, que no haga apología del alcohol y la droga, que no muestre oleadas y oleadas de narcisismo arrogante e irracional. El abusar de la comida rápida y procesada, el mostrar más importancia al fútbol que al desarrollo personal, el comprar ropa en empresas que explotan a sus trabajadores. Se realiza todo esto de manera pasiva, con un espíritu crítico totalmente adormecido. Esto jamás será libertad.

---

[120] Véase *El concepto de la angustia*, de Sören Kierkegaard.

Con el fin de evitar la neurosis, el individuo se ve obligado a saciar sus vacíos con mercancías. Así, *la gente se reconoce en sus mercancías; encuentra su alma en su automóvil, en su aparato de alta fidelidad, su casa, su equipo de cocina. El mecanismo que une el individuo a su sociedad ha cambiado, y el control social se ha incrustado en las nuevas necesidades que ha producido*[121].

Y con esto retornamos a Schopenhauer, quien va mucho más allá y sostiene que *todo el ser humano solo es la manifestación de su libertad*[122]. Esto puede añadir lucidez a lo que venimos arguyendo, pero en sentido negativo, ya que decimos que el agente coercitivo que pelea por el sometimiento de los consumidores a sus intereses está también creando una fuerte hegemonía, está creando formas de ser y de pensar. Por ello, la voluntad abandona la contingencia y abraza la unidireccionalidad de la masa.

El problema es que en su inconsciencia reside la falsa libertad. Inmejorablemente lo dice el alemán:

(...) el hombre hace siempre lo que quiere y, sin embargo, lo hace necesariamente. Lo que se explica porque él es ya lo que quiere, pues de lo que él se sigue, necesariamente, todo lo que pueda hacer.[123]

Sin duda, ha conseguido la tecnología capitalista, opacada por el excesivo pragmatismo y sus beneficios a la sociedad, crear una nueva realidad, como digo, una

---

[121]   *El hombre unidimensional*, de Herbert Marcuse.
[122]   *El arte de ser feliz*, de Arthur Schopenhauer.
[123]   *Sobre la libertad de la voluntad*, de Arthur Schopenhauer.

nueva metafísica. Se ha encargado de redactar un nuevo *Timeo*[124], una nueva cosmología presentada tras la puerta del nihilismo que han cruzado los humanos accediendo a sus avances. La tecnología se presenta en el mundo como una nueva realidad inteligible e independiente que anula a las personas del mundo de los sentidos, distorsionando por completo su constitución. La felicidad deja de perseguirse, ya que nadie se pregunta por ella, sino que la razón se limita al análisis de lo actualmente disponible: de unas conductas totalmente preconvencionales que no aspiran a lo distinto, sino a lo común, a los patrones establecidos. La felicidad se transforma ahora en algo neutro, en algo que depende de algoritmos y *hashtags*. La tranquilidad al ver muchos ceros en la cuenta del banco, sin siquiera haber concebido jamás el dinero físico. Las relaciones tras la pantalla, en las que se dan todas las fases de estas de manera digital. El sexo por internet, etc. En vez de considerar, en sentido platónico, que lo verdaderamente importante reside en un mundo más allá, ahora se dispone todo lo que consideramos importante en una pantalla. Todo de lo que puede disfrutar el ser humano en primera persona se limita a lo electrónico: el deporte se sustituye por videojuegos, donde preferimos la satisfacción endeble de ganar una partida en la consola que los beneficios que tiene el deporte. Se opta por ver series y películas donde aspiramos a vernos reflejados en ellas al tener alguna característica en común

---

[124] Obra en la que Platón expone por vez primera el dualismo ontológico, separando así la realidad del mundo sensible y la realidad del mundo inteligible.

con el protagonista. Vemos programas de televisión donde escuchamos por horas las desgracias e historietas de invitados que nada importante pueden aportarnos, criticando y riéndonos despectivamente de ellos, en vez de atender y juzgar nuestra vida propia. La nueva dialéctica se efectúa a través del teclado del portátil, la sabiduría es el contenido digital que cada uno comparte, la virtud se vende a los diferentes códigos de validación de cada uno. En suma, el mundo sensible, el de nuestros sentidos, ha vuelto a quedar en un segundo plano.

Desde su casa, el individuo habita creyéndose libre, pero su felicidad y su estabilidad emocional dependen de ese mundo cibernético y digital en el que tiene su vida hecha. Similar al dinero fiduciario, pero sin siquiera poseerlo físicamente, nuestro capital reside en una aplicación dirigida por una unidad bancaria. El nuevo opio, el pan y el circo que mansa al pueblo es la religión de lo digital. En suma, se aspira a un nuevo edén que prometen los grandes burgueses digitales, quienes no llevan sotana ni estudian teología, pero, a pesar de ello, también implantan su Inquisición, pues la suma dependencia de los aparatos tecnológicos ha logrado que se puedan comparar con un miembro de nuestro propio cuerpo.

Ante esta situación resulta necesario hablar del destino al que el pensamiento está destinado: su abolición por inutilidad. Como hemos dicho, cómodos en la estructura y actuando en virtud de los patrones a seguir por permanecer en ella, los individuos verán innecesario el cuestionamiento de los contenidos de la moral y el desquite como algo inconcebible e indeseable. Tal vez puedan caer en la cuenta de las negligencias que se les presentan, de que quizá lo que les es dado de un modo podría ser más justo o más lógico de otro modo, pero no sabrán cómo llamarlo, no sabrán cómo actuar acorde a sus convicciones. La pérdida del pensamiento supone la asunción de un obrar único, por ello supone una pérdida de la teoría y de la práctica tanto ética como política. No se aspirará a divulgar ningún tipo de pensamiento, ni a cuestionar cualquier imposición, suponiendo esto el fin de la dialéctica y la *congelación de una tesis*. La utopía como síntesis lejana anula la esperanza de la humanidad, razonando ahora de manera idealista, por ello afirmamos con Adorno que *el atontamiento de hoy es una función inmediata de la amputación de la utopía. Donde no se quiere la utopía, es el pensamiento mismo el que muere*[125]. De esta manera se halla una irremediable comodidad en el desastre no identificado, aboliendo todo límite que despierte el pensamiento y el deseo de cambio. Con Byung-Chul Han decimos que *la autoalienación de la humanidad posiblemente haya alcanzado aquel punto en el que ella experimenta su propia destrucción como un goce estético*[126].

La perversión de todos los campos que rodean a la sociedad está siendo conducida hacia su normalización. Como hemos dicho en el segundo epígrafe de esta segunda parte, *Tecnicismo y perversión de la cosa en sí*, estos campos

---

[125] *Hacia un nuevo manifiesto*, «Rol de la teoría», de Max Horkheimer y Theodor Adorno.
[126] *Capitalismo y pulsión de muerte*, de Byung-Chul Han.

propios de las civilizaciones se diluyen, se oscurecen, se tiñen de un vacío en el que parece imposible reconocerlas: la música se presenta corrompida y prostituida por una gran masa social a la que le sobran pobres argumentos para defender su apología. El grandísimo estatus con el que contó la rama de la filosofía recientemente independizada, como es la psicología, se halla ahora sometida a una simpleza al verse en las librerías los libros de autoayuda destacando en la sección de este campo.

Ningún bien se encuentra a salvo de la perversión. El amor, las tradiciones, la moda, todo se presenta adulterado, pervertido e inundado sobre una cantidad incesante de toxicidad proveniente de la cascada del capitalismo que abandona toda la ética con tal de servir pleitesía al capital.

Es la tecnología el más peligroso y nocivo de todos estos ámbitos. Es admirable cómo las consecuencias positivas para la especie humana que pueden darnos los avances tecnológicos resulten una broma comparada con el infierno a las represalias que el futuro y el descontrol de esta poderosa arma nos tiene asegurados. Por ello, en este contexto, ni la política puede dar ni la masa recibir los firmados cheques en blanco de desmesurado libertinaje por el que abogan los liberticidas, pues es apreciable que el individuo atacado involuntariamente por la ignorancia no sale de esta aun con las tímidas advertencias que pueda dársele acerca de sus actos. Por ello vemos a las masas fumar cigarrillos aun sabiendo que la foto del pulmón negro que presenta el envoltorio del paquete será el suyo en consecuencia de ese acto. Por ello vemos al pueblo abusar de la comida procesada y de los azúcares, a sabiendas de las posibilidades de desarrollar diabetes o un aumento del colesterol. Por ello la intratable juventud derrocha su tiempo, cosa tan preciada, en respirar un ambiente vulgar y jaranero, propio de las discotecas, escuchando música vacía, incitado al desfase debido a la técnica de *marketing* de los locales, quienes ponen frases dignas de esbozar una carcajada por su infantilismo y bajeza moral, las cuales se convierten en el aforismo y filosofía de vida de los jóvenes, quienes muerden rápidamente ese anzuelo y se mezclan en las masas invitadas por el *carpe diem*. Por ello, el enemigo de los seres humanos somos los humanos mismos, y no solo los ajenos, aquellos que parecen robarnos por ocasiones la poca paz o calma que nosotros decimos poseer, sino el uno contra sí mismo. La lucha interna y el *yo dividido* es tan ignorado por los jóvenes como todo lo demás. Del mismo modo que los ateos argumentan que, de existir un Dios, este sería culpable de los infortunios y males terrenales, también los individuos culpamos a los ajenos de las negligencias de la sociedad, cuando forman parte de ella y cuyas acciones contribuyen su granito de arena en esa enorme masa social impenetrable, donde cada gota de cultura o pensamiento crítico se evapora al entrar en contacto con ella.

Pero son demasiado grandes mis súplicas para considerar que, llegado hasta aquí, el lector sea consciente de que un individuo no puede ser libre si este es criado en el centro de una sociedad enfermada de consumismo que huye constantemente de lo humano, lo racional y lo sensible, rodeado de infranqueables muros de cómodas impresiones y sensaciones placenteras que le impiden avanzar en cualquier dirección, naciendo y muriendo ignorante y defensor de su ignorancia, llamándola a esta *libertad,* por lo que, de nuevo, compartimos la premisa que sostiene que no puede existir libertad en el individuo cuyos pensamientos y actos son gobernados por la ignorancia. Citada ya también la idea de que no basta con compartir virutas de sabiduría y avisos sobre los peligros, pues nada es capaz de silenciar el ruido de la normalidad de la sociedad, podemos concluir que aquel individuo cuyo intelecto comprende el fin de la salud, el fin de la justicia o el de la razón, pero en virtud del libertinaje practica actos cuyas consecuencias negativas conoce y se contradicen con lo que le dicta el intelecto, sigue sin ser libre.

Cometiendo el grave error de razonar idealmente sobre una ética del deber en una época que no solo no lo pide, sino que lo rechaza, considero que no puede permitirse ni una generación más que se separe la filosofía de la política. La educación debe evolucionar a favor de la erradicación de la tradición que fundamenta la política desde el pragmatismo y el egoísmo. No puede fundamentarse un método que erradique la pobreza sin antes erradicar la ignorancia. No puede erradicarse la pobreza ni de los ricos ni de los pobres si se defiende la libertad económica basada en una suposición idealista, según la cual el ser humano nace libre. La ignorancia y la libertad es al hombre lo que la vigilia y el despertar, la enfermedad y la salud, y eso parece estar incluido en la esencia que nos presta nuestra ontología.

Si pretenden concederles a los hombres el libertinaje, en el sentido doctrinal libertario, esta libertad estará destinada solo para unos pocos y durante muy pocas generaciones. Las consecuencias de dominio de la libertad de los unos sobre la libertad de los otros suponen una nueva definición de liberalismo, donde ya no todos somos igualmente libres. En una comparación con la doctrina platónica, los libertarios aspiran a narrar una nueva dialéctica, donde el diálogo es sustituido por la *cataláctica* hayekiana o el estudio del mercado, la sabiduría es el nuevo emprendimiento y la virtud se desvanece al simbolizarse en objetos materiales como buenos coches o grandes mansiones. Se establece ahora un nuevo fin último al que llegar: el dinero. Si bien Platón dedicó sus obras a exponer los diferentes métodos para la aprehensión del bien —meta última y suprema del conocimiento filosófico—, los economistas libertarios venden ahora, como los sofistas en su momento, sus conocimientos para adquirir riquezas, sea cual sea su método.

La dialéctica de Platón, en su vertiente lógica, significaba una investigación en común entre dos interlocutores que trataban de trascender desde su estudio de lo particular, mediante la observación, las creencias, las opiniones, hasta llegar a la firmeza, a un conocimiento científico libre de toda duda. La dialéctica es el método por el que se descubren las verdades más elevadas. No obstante, el sociólogo que estudia y analiza hoy las sociedades industriales se topa con numerosos prejuicios, los cuales explican el comportamiento de sus poseyentes, incluyendo sus voliciones, sus rechazos o sus preferencias. Mediante el método funcionalista, el sociólogo describe el funcionamiento de un grupo cultural concreto, las funciones de cada individuo referido a un determinado subgrupo predominante en la sociedad[127]. Por su parte, el método configuracionista nos muestra las potencialidades de los efectos descritos por el funcionalismo. La descripción de los sesgos de las sociedades estatales sirve de herramienta al emprendedor para su provecho, satisfaciendo los deseos de los ciudadanos sesgados. Esto es una simple descripción que no generalmente puede considerarse negativa, pero su interpretación puede conducirnos de nuevo a la crítica de la razón instrumental, al dominio de la técnica en su sentido negativo y deshumanizado. El emprendedor busca montar su negocio en zonas donde se asegure un determinado nicho de mercado, como el que monta una cafetería al lado de un servicio de lavado, o un restaurante de comida rápida cerca de un campus universitario. El problema surge cuando el nuevo mercado se abre ya, no a la perpetuación de los problemas sociales, sino a la llegada de otros nuevos, así como al abandono de cualquier principio ético al tratar de rebasar estos para adquirir los beneficios, haciendo del egoísmo la nueva virtud del hombre. El dominio de la técnica de la naturaleza se trastorna en el dominio de los seres humanos, impidiendo incluso la cooperación necesaria para una mayor eficacia y progreso. Muy difícil resulta la refutación de una realidad que pulula por la historia de los hechos contemporáneos que

---

[127] Véase *Las reglas del método sociológico,* de Émile Durkheim. También *La antropología y el funcionalismo,* de Bronislaw Malinowski.

demuestra que esta nueva especie de hombres y mujeres posee la capacidad inevitable de pervertir todo aquello que pueda beneficiar el progreso común. De ahí el asombro que hasta el ser humano percibe de su especie, al ser capaz de cometer actos incomprensibles para con otros sectores de la población. El comercio, la educación o la democracia son pensadas como buenas en cuanto buenas, mas los impulsos y la pulsión propios del más desgarrador de los egos incita a enrevesar el sentido de estas herramientas y apoderarse de ellas para impedir el bien común, para que el beneficio recaiga en el ingenioso cuyo mal brota de su creatividad. Así, con Heidegger, se asume que *mientras concibamos la técnica como instrumento, vamos a permanecer apegados a querer dominarla y omitiremos la esencia de la técnica*[128].

En un mundo sin Estado y con propiedad privada, donde los propietarios no tengan ninguna traba más que la de sus impulsos para dirigir sus mercados, se impondrá un sistema único para la salvación y la supervivencia, donde no habrá otra salida que la de la autoexplotación acorde a las condiciones particulares de uno para adquirir los bienes oportunos para la acumulación de riqueza. El nuevo y exclusivo talento será el don de crear necesidad, o bien el don de apretar más fuerte el yugo de la adquisición de las necesidades más primarias, como la vivienda, el agua, la luz y la medicina. Del mismo modo que las antiguas filosofías dictaban un camino a seguir para atisbar el fin último, las vidas de los nuevos individuos seguirán el camino del ca-

---

[128]   *La pregunta por la técnica*, de Martin Heidegger.

pitalismo salvaje, dando lugar a una nueva concepción del deber, del bien y del mal. El deseo, ahora, no es la verdad, ni el progreso conjunto, sino lo material, aquella delectación vacía de inteligibilidad. La aspiración última es el objeto sensible, querido por causa del dominio de la técnica de otros seres humanos que actúan como agentes externos de nuestras voliciones. El devenir histórico nos avecina una pérdida de lo humano, pérdida del ser y sus categorías. El humano deja de ser una *res cogitans* y pasa a ser una *res quam vult* [cosa que quiere], pasamos de ser seres que piensan, luchan, niegan y sueñan a seres que demandan, seres pasivos cuya voluntad anula su contingencia. Dice Horkheimer:

> *Cuanto más intenso es el interés de un individuo por el poder sobre las cosas, tanto mayor será el dominio que sobre él ejercerán las cosas, tanto más le faltarán rasgos verdaderamente individuales, tanto más se transformará su espíritu en un autómata de la razón formalizada.*[129]

También el famoso aforismo de Plutarco, que sostiene que *quien tiene muchos vicios, tiene muchos amos.* Lo cierto es que hoy en día tenemos demasiados amos de los que debemos desprendernos: desde el político y su casta, desde leyes irracionales, desde burocracias abusivas, hasta los deseos más internos e irracionales cuyas causas no somos

---

[129] *Crítica de la razón instrumental*, «Ascenso y decadencia del individuo», de Max Horkheimer.

capaces de concebir. También nosotros mismos somos nuestros amos, pues esclavos somos de nuestra naturaleza interna, antagónica de nuestra razón.

A pesar del pesimismo que pueda surgir de la interpretación de los hechos, no todo está perdido, ya que son muchos los que dedican sus vidas a la divulgación del conocimiento, tratando de alejar a los inocentes de las cadenas del tipo de esclavitud de este siglo. Tal vez sea imposible la fundamentación de un método que nos libere de ser esclavos, pero sí podemos y debemos comprender nuestra esclavitud.

Epílogo

La verdad se forma en una evolución de ideas
que se transforman y luchan entre sí.

MAX HORKHEIMER

Arribados por la reflexión al final de este esbozo, quisiera remarcar la tesis principal del libro, vista ya en todos
los epígrafes que hemos tratado. En el seno del pensamiento
se hallan constantemente grandes contradicciones al abarcar
el problema de la libertad, siendo sencilla la apuesta por
un desembocado escepticismo que dificulte la posibilidad
de pronunciarnos ante ella con certeza. Sumado yo a este
ejercicio, quiero someter a apología aquellos actos deli-
berados por la razón y la profunda reflexión en los que
aspire nuestra voluntad a un fin cuya volición de este sea
también tenida en cuenta por el entendimiento y se co-
nozcan, por supuesto, las causas por las cuales nos sentimos
a él inclinados. Digo que el ser humano que reconoce sus
impulsos y conoce los motivos naturales por los que surge, así como el modo por el cual decide dominarlos y el
fin que supone dejarse vencer por ellos o ignorarlos por
completo es un individuo que posee un grado de libertad
superior a aquel que hace de sus voliciones un presente
constante, cuyo entendimiento se halla silenciado por los
impulsos y el ensordecedor ruido de la mala voluntad. Sin

duda, nadie está a salvo de enemigos en un sistema en el que los *cazavoluntades* atentan contra la imperturbabilidad de los individuos y tratan de despertar esas fruiciones más fugaces y costosas, por lo que promuevo la filosofía como herramienta para la libertad, pues hemos visto cómo aquel que carece de ella es domado por la ignorancia y limitado al libertinaje. El simple método que debe llevarse a cabo es la combinación de nuestras dos grandes facultades: voluntad y entendimiento. La voluntad deberá inclinarse al entendimiento como fin, y en su delectación será este fin el medio por el cual se atisbe la gloriosa libertad. Por esto, la libertad no es ni mucho menos un principio del que parten los individuos, sino un final que merece ser conquistado.

Debemos, entonces, querer saber aquello que no sabemos, pues la verdad reside a años luz de nuestra situación intelectual. Nuestras convicciones estarán siempre sesgadas mientras no alimentemos la incertidumbre y el cuestionamiento de aquello que deseamos. La única esclavitud de la que debemos ser esclavos es la de la sabiduría, pues el saber es el amo que nos concede a nosotros, sus esclavos, la libertad. Por ello, la voluntad y la sabiduría, el querer y el saber, deben colaborar como para los medievales colaboran fe y razón, permitiendo a sus peregrinos alcanzar la verdad suprema, Dios; en nuestro caso, la libertad.

La fortuna o la fama son capaces de darnos libertad. Así piensan aquellos cuya propia experiencia los lleva a inducir la veracidad de la meritocracia. Si bien dinero y popularidad pueden conceder libertad física, nada aproxima más a la esencia de la libertad que el conocimiento. Y no es ni

mucho menos necesario el desborde de datos ni un nivel
intelectual abismal para aplicar esta premisa, la cual es llegada al entendimiento humano como una idea compuesta
de muy pocas impresiones que nutren nuestro espíritu, falto
en su totalidad de este gran alimento como es la sabiduría.
Con todo, la pretensión de los libertarios de darle
libertad al pueblo ha sufrido un previo intento de abandonar el propósito de teorizar y reflexionar acerca del
erótico concepto. La crítica de Raymond Aron a Hayek
vale también para los que sostienen que la libertad es una
condición natural del ser humano:

> *Quizá la razón última de lo que considero la insuficiencia de la
> filosofía desarrollada por Hayek para fundamentar su liberalismo
> se deba a su negativa a tomar en consideración el problema de la
> libertad interior. El autor (…) se ha dejado impresionar por una
> escuela filosófica actual hasta el punto de creer que las llamadas
> controversias metafísicas sobre el libre albedrío carecen de sentido.*[130]

Caería yo en el pecado de la mentira si no admitiese
que, gracias a un escepticismo, soy incapaz de asumir con
total certeza que exista un mundo donde cada uno de los
individuos sea lo suficientemente libre como para que sea
conocedor de los males que aquejan sus acciones y el empleo de su tiempo, pero hasta entonces los fugaces rayos de
optimismo manifestados en forma de sesgos desiderativos
se anulan en cuanto interactúo con los demás ciudadanos.

---

[130]   *La definición liberal de la libertad*, de Raymond Aron.

Por ello, creo que lo máximo que desde el pensamiento se puede aportar son los métodos que deban fortalecerse para seguir dando pasos a ese inaccesible idealismo, a esa aparente quimera. El foco y el micrófono se han puesto, a lo largo de la historia, a la disposición de miles de hombres y mujeres cuya obra ha parecido, *a priori,* perfecta, pero para su puesta en práctica debe haber un intermediario que silencie la ignorancia y, como puede verse, la ignorancia siempre hace más ruido que la razón. Mi intención ha sido, con mis letras, persuadir al lector y convencerlo de que, al menos, la libertad existe de modo gradual en los seres humanos. Unos serán más libres que otros, no solo en virtud del poder adquisitivo, de la salud o de la movilidad que uno posee, sino también del conocimiento; fuerza que golpea con desdén las barreras de la ignorancia, dentro de las cuales se afirma que uno es tan libre como pueda imaginarse.

Si existiese una nueva especie de seres humanos cuyo fin fuese la libre persecución de la libertad y la cooperación para la misma, esta solo sería posible con el arma más poderosa con la que contamos, mucho más que cualquier arma de fuego o destrucción masiva: la cultura.

Dios quiera que, al releer las ideas que componen este ensayo, sea en años o en el día de mañana, se dé la posibilidad, ya de objetar más a lo escrito, ya de negar cada una de las tesis que aquí se hallan recogidas, así como de enfrentarme a los autores en los que me he apoyado. Pues de las mayores virtudes es hallar la antítesis de las propias tesis, y quimera es ser capaz de resolver la batalla en una nueva síntesis. Atendiendo a una premisa indiscutible que acompañará al saber humano hasta el cese de esta especie en la tierra, expuesta en el principio del escrito en conjunto por Horkheimer y Adorno, me serviré de esta para finalizar cual escrito:

> *(...) no todo cuanto se dice en el libro seguimos manteniéndolo inalterable. Eso no sería compatible con una teoría que atribuye a la verdad un momento temporal, en lugar de contraponerla, como algo invariable, al movimiento de la historia.*[131]

---

[131] *Dialéctica de la Ilustración*, «Prólogo», de Max Horkheimer y Theodor Adorno.

Bibliografía

Libros

ARANA, J.: *Los filósofos y la libertad.*

ARISTÓTELES: *Ética a Nicómaco.*

ARISTÓTELES: *La gran moral.*

ARISTÓTELES: *Metafísica.*

ARISTÓTELES: *Política.*

BEDESCHI, G.: *La Escuela de Frankfurt: una introducción.*

BESTEIRO, J.: *El voluntarismo y el intelectualismo en la filosofía contemporánea.*

BUCH, L.: *La afirmación de la libertad en el pensamiento de Duns Scoto.*

BUCH, L.: *Relacionalidad y trascendencia de la libertad en el pensamiento de Duns Escoto.*

CANTILLON, R.: *Ensayo sobre la naturaleza del comercio en general.*

CHESTERTON, G. K.: *Santo Tomás de Aquino*

CHOMSKY, N. y WATERSTONE, M.: *Las consecuencias del capitalismo.*

CONSTANT, B.: *La libertad de los modernos frente a la libertad de los antiguos.*

DE MIGUEL BÁRCENA, JOSU: *Libertad. Una historia de la idea.*

DE UNAMUNO, M.: *Del sentimiento trágico de la vida en los hombres y en los pueblos.*

GILSON, E.: *El tomismo. Introducción a la filosofía de santo Tomás de Aquino.*

HAN, B-C.: *Capitalismo y pulsión de muerte.*

HAYEK, F. A.: *Camino de servidumbre.*

HAYEK, F. A.: *Democracia, justicia y socialismo.*

HAYEK, F. A.: *La fatal arrogancia.*

HAYEK, F. A.: *Los fundamentos de la libertad.*

HAYEK, F. A.: *Principios de un orden social liberal.*

HEIDEGGER, M.: *La pregunta por la técnica.*

HORKHEIMER, M. y ADORNO, T.: *Dialéctica de la Ilustración.*

HORKHEIMER, M. y ADORNO, T.: *Hacia un nuevo manifiesto.*

HORKHEIMER, M.: *Anhelo de justicia.*

HORKHEIMER, M.: *Crítica de la razón instrumental.*

HORKHEIMER, M.: *Sociedad, razón y libertad.*

HUME, D.: *Investigación sobre el conocimiento humano.*

LOCKE, J.: *Segundo tratado sobre el gobierno civil.*

MARCUSE, H.: *El hombre unidimensional.*

MARCUSE, H.: *Eros y civilización.*

MERINO, J. A.: *Filosofía y Teología: Dios y el hombre.*

MICHÉA, J-C.: *La escuela de ignorancia.*

PASCAL, B.: *Pensamientos.*

PROUDHON, P-J.: *¿Qué es la propiedad?*

ROTHBARD, M.: *Hacia una nueva libertad. El manifiesto libertario.*

RUSSELL, B.: *Caminos de libertad: socialismo, anarquismo y comunismo.*

RUSSELL, B.: *Elogio de la ociosidad.*

SAN AGUSTÍN DE HIPONA: *Confesiones.*

SAN AGUSTÍN DE HIPONA: *De Trinitate.*

SAN AGUSTÍN DE HIPONA: *Del libre albedrío.*
SAN AGUSTÍN DE HIPONA: *Enéadas.*
SÁNCHEZ HIDALGO, A. J.: *Voluntarismo e intelectualismo en Francisco de Vitoria.*
SÁNCHEZ PÉREZ, J. H.: *Vida, propiedad y libertad en John Locke: algunas reflexiones básicas sobre la obra y el contexto del padre del liberalismo moderno.*
SANTO TOMÁS DE AQUINO: *Summa theologiae.*
SCHOPENHAUER, A.: *Sobre la libertad de la voluntad.*
SCOTO, D.: *Comentario sobre la fruición.*
SCOTO, D.: *Ordinatio.*
SCOTO, D.: *Tratado acerca del primer principio.*
SPINOZA, B.: *Ética.*
SPINOZA, B.: *Tratado teológico-político.*
URDANOZ, T.: *Esencia y progreso psicológico del acto libre, según santo Tomás.*
VON MISES, L.: *El socialismo.*
VON MISES, L.: *La acción humana.*
VON MISES, L.: *Política económica. Seis lecciones sobre el capitalismo.*

Internet

PHILOSOPHICA, enciclopedia filosófica *online.*